梁 旭◎著

后工业化时代
城市发展问题研究

时事出版社
北京

图书在版编目（CIP）数据

后工业化时代城市发展问题研究/梁旭著.—北京：时事出版社，2019.6
　　ISBN 978-7-5195-0292-8

　　Ⅰ.①后… Ⅱ.①梁… Ⅲ.①城市发展战略—研究 Ⅳ.①F291.1

　　中国版本图书馆 CIP 数据核字（2019）第 041210 号

出 版 发 行：时事出版社
地　　　　址：北京市海淀区万寿寺甲 2 号
邮　　　　编：100081
发 行 热 线：（010）88547590　88547591
读者服务部：（010）88547595
传　　　　真：（010）88547592
电 子 邮 箱：shishichubanshe@ sina. com
网　　　　址：www. shishishe. com
印　　　　刷：北京旺都印务有限公司

开本：787×1092　1/16　印张：11.75　字数：200 千字
2019 年 6 月第 1 版　2019 年 6 月第 1 次印刷
定价：85.00 元
（如有印装质量问题，请与本社发行部联系调换）

目录
contents

前　言 _ 001

第一章　关于"后工业化"问题的分析

第一节　"后工业化"概念的提出 _ 003
　一、"后工业化"问题的由来 _ 003
　二、"后工业化"概念的提出 _ 005

第二节　"后工业化"概念的演变 _ 007
　一、20 世纪 70 年代的认识 _ 007
　二、21 世纪以来的认识变化 _ 009

第三节　"后工业化"的再界定 _ 011
　一、工业经济发展阶段与城市及社会发展问题 _ 011
　二、可持续发展观的影响 _ 013
　三、"后工业化"的再界定 _ 016

第二章　当代城市发展中面临的主要典型性问题

第一节　人口增长停滞与老龄化带来的城市发展问题 _ 018
　　一、少子化问题 _ 018
　　二、老龄化问题 _ 020
　　三、日本的城市发展危机 _ 024

第二节　产业转移与空心化带来的城市发展危机 _ 026
　　一、产业调整与转移 _ 026
　　二、产业单一化带来的问题 _ 031
　　三、产业空心化与城市的衰落 _ 032
　　四、美国的城市问题 _ 035

第三节　体制转型带来的城市危机 _ 042
　　一、体制转型的阵痛 _ 042
　　二、俄罗斯西伯利亚和远东城市的衰落 _ 046

第四节　后起工业化国家面临的城市发展问题 _ 048
　　一、后起工业化国家面临的国内外环境 _ 048
　　二、后起工业化国家城市发展问题的复杂性 _ 050
　　三、中国的城市发展以及存在的问题 _ 053

第五节　互联网给城市发展带来的影响 _ 057
　　一、互联网时代的生产与生活 _ 057
　　二、互联网给城市发展带来的影响 _ 059

第六节　自然与人为灾害对城市的影响 _ 062
　　一、自然灾害对城市的影响 _ 062
　　二、人为灾害对城市的影响 _ 068

第三章 "后工业化"时期的城市发展与综合治理

第一节 以建设数字智能城市和生态城市为目标 _ 072

一、数字智能城市 _ 072

二、加快建设数字智能城市 _ 074

三、生态城市的内涵 _ 078

四、生态城市的建设 _ 081

第二节 提高政府治理能力和加强对城市发展的引导 _ 085

一、提高政府治理能力 _ 085

二、加强对城市发展的引导 _ 090

第三节 增强现代市民意识 _ 094

一、城市发展要求普遍提高人们的现代文明意识 _ 094

二、树立现代市民意识，建设城市生态文明 _ 097

三、提倡文明新观念 _ 099

第四节 促进人口数量稳定和结构协调 _ 105

一、促进人口数量稳定 _ 105

二、保持人口结构协调 _ 108

三、妥善解决老龄化问题 _ 111

第五节 明确城市功能分工和促进地区经济多元化发展 _ 112

一、明确城市功能分工，促进城市群建设 _ 112

二、促进地区经济多元化发展 _ 120

第六节 城市的防灾与减灾 _ 124

一、城市的防灾问题 _ 124

二、城市的减灾问题 _ 128

附　录 _ 132

参考文献 _ 175

后　记 _ 180

前　言

21世纪以来，许多发达国家陷入了一个经济增长率低，甚至经济衰退的怪圈，出现长时期内经济低增长、零增长甚至是负增长的情况。这种情况导致这些国家的城市发展出现了各种问题，并且不同国家反映出的问题不尽相同，各有其特点。

中国改革开放40年以来，无论是在城镇化人口规模，还是城市的建设数量、基础设施水平、人居环境条件等方面都取得了巨大成就，但城镇化发展中也出现了很多问题，主要表现在人口结构比例失调、空气污染、交通拥堵、房价过高等方面。由此可见，中国的社会转型将会是一个长期的阶段性过程，所以了解城市发展中存在的问题既是城市建设的现实需要，也是城市未来可持续发展的需要。

美国著名社会学家丹尼尔·贝尔在1973年出版的《后工业社会的到来》一书中提出了"后工业时代"的概念。几十年来，"后工业化"的理论不断发展和完善，成为研究经济和社会发展问题的一个重要理论工具，本书就力图以"后工业化"理论来研究现代城市发展中的一些问题。因为不同国家面临的城市问题侧重点不尽相同，不同类型的城市发展定位和侧重各不相同，不同城市自然环境、社会经济、产业基础条件也不尽相同，所以本书重点分析总结了几种典型性的城市问题，并且在比较分析的基础上提出了解决城市发展问题的一些看法，同时涉及了如何对城市进行综合治理的问题。

第一章 关于"后工业化"问题的分析

第一节 "后工业化"概念的提出

一、"后工业化"问题的由来

在人类社会的发展过程中,工业化与城市化是相互促进、相互影响、共同发展的,可以说工业化是世界城市化进程中最直接、最巨大的推动力。至于"后工业化"的问题,主要是针对工业化相对发达的国家而言的,工业化发达国家和发展中国家的经济发展水平差异可以在其本国的产业结构①中看到。第一产业(农业、林业、畜牧业等)中,发展中国家的特点是劳动效率低下,相对于发达国家来说抵御自然风险的能力要低不少。第二产业(采矿业、制造业、电力、建筑业等)中,发展中国家和发达国家的差别巨大。第三产业(服务业)在发达国家中处于经济的主体地位,而在发展中国家则有所不同。

第三产业对第一、二产业的发展具有促进作用是现代化经济的一个

---

① 产业结构是指农业、工业和服务业在一国经济结构中所占的比重。产业结构的进阶是指一国一地经济发展重点或产业结构重心由第一产业向第二产业和第三产业逐次转移的过程,标志着一国经济发展水平的高低和方向。

重要特征。对于一个国家经济体而言，第一产业就业的占比越低，第三产业的就业占比就越高，其发达程度也就越高。而从增加值结构与就业结构的比较上看，第一产业的产值占比与就业占比之间的差别越大，其发展水平也就越低，反之发达程度则较高。之所以这样，是因为随着发达国家工业化的完成，第二产业在国民经济中所占的比重开始下降，第三产业逐步得到快速发展，这一现象被称为去工业化。去工业化的原因是：首先，大城市生产成本较高，环境保护意识较强，加上市中心生活质量下降，工厂由大城市迁移到中小城镇，甚至迁移到国外；其次，生产成本的上升，工业发达国家的一些传统产业，如钢铁、造船、工程机械和纺织等因劳动力成本上升而失去竞争力，逐步走向衰退；第三，随着技术发展和国际分工的展开，企业可以把生产过程的某些部分，尤其是劳动密集型的加工装配环节，分散到国外工资成本相对低廉的地区。

一般来说，随着国民收入的增加，人们对服务业的需求越来越大。相应地，劳动力也将向服务业转移，因此大多数劳动力不再从事农业和制造业，而是从事服务业，所以发达国家的产业结构普遍存在"两个70%"现象，即服务业占GDP的70%、生产性服务业占整个服务业的70%。

以美国为例，第一产业在1970—2015年间对GDP的贡献在短暂上升后就长期处于下降阶段，第二产业中除机械设备制造业、交通设备制造业对GDP的拉动下降外，其余工业行业和建筑业占比大体保持稳定。具体情况是：电力、煤气、自来水供应和污水、垃圾管理、批发和零售业、食宿服务业、化学和制药行业、艺术、娱乐的行业产值占比基本维持稳定。运输、橡胶、塑料和其他非金属矿产品制造业、家具、建筑业等行业的产值占比波动幅度较小，在1970—2015年间小幅下降，基本维持稳定。但在20世纪80年代，人均GDP达到10000美元时，美国服务业迎来发展的黄金年代。人体健康和社会工作行业在人均GDP为

7820美元时便率先开启服务业占比上升通道。专业、科学和技术活动紧随其后，该行业对GDP的贡献率在人均GDP为10585美元时快速上升，并且这两个行业的上升时间持续最长，至今尚未停止。信息和通信行业、金融和保险行业、房地产服务业占比也陆续上升。IBM、通用电气、耐克等跨国企业集团原来的主营业务均集中在制造领域，如今都已实现向生产性服务业的转型。通用电气非常典型，这家全球500强企业中的佼佼者本是制造业企业，现在升级成一个多元化的科技、媒体和金融服务公司，其绝大部分营收都来自于服务领域。至2017年，美国三大产业所占的比重分别为1.2%、20.3%和78.5%，属于典型的区别于一般工业化时期特点的产业结构。[①]

从上述情况可以看出，产业结构转变后的发达工业国与初步实现工业化的国家在经济上有着很大差异，发达国家正是依靠在研发设计、商务服务、市场营销等领域的领先优势，主导着全球生产网络和产品价值链，显著地提高了资源配置效率，获取了巨大的超额经济利益。这一现象很早以前就已引起学者们的注意，并通过对经济和社会发展现象的分析使人们关注到工业社会的经济结构演变过程及其带来的影响等问题。

二、"后工业化"概念的提出

关于"工业化"，根据《新帕尔格雷夫经济学大辞典》的解释：首先是国民经济中制造业所占比例提高；其次是制造业就业人口在总就业人口中的比例提高；另外，还包括人均收入增加，新的生产方法、新产品不断出现，城市化水平提高等。工业化是以劳动要素、资本要素为基本要素的工业生产替代以劳动要素、土地要素为基本要素的农业生产的

[①] 摘自《2018国际统计年鉴》，中国统计出版社2018年版，第93—94页。

蜕变过程。在工业化过程中，随着科学技术的进步，机械工业、冶金工业、电气工业、化学工业、电子工业、信息工业、人工智能工业等新型工业形态不断出现，每一次科学技术进步形成的新型工业都是对旧工业的扬弃和改造。

1973年，美国著名社会学家丹尼尔·贝尔在其《后工业社会的到来》一书中提出了"后工业时代"的概念，认为传统的工业生产在全社会中的价值正在下降，知识经济日益升为主导，在后工业时代，传统制造业将面临全新的变革机遇与挑战。他把人类社会的发展进程划分为前工业社会（即农业社会）、工业社会和后工业社会三大阶段。

前工业社会以传统主义为轴心，就是同自然界竞争，把土地当成资源。占压倒多数的劳动力从事包括农业、林业、渔业、矿业在内的采集作业，生活主要是应对自然的挑战。

工业社会以经济增长为轴心，同经过加工的自然界竞争，机器是资源。这是个生产商品的社会，技术化、合理化都得到推进。

后工业社会以理论知识为轴心，意图是人与人之间知识的竞争，科技精英成为社会的重要力量。科技专家以技术专长服务社会。后工业社会也是以服务为基础的社会，最重要的因素不是体力劳动或能源，而是信息。

丹尼尔·贝尔还分析了后工业社会的五大特征，这些都在发达资本主义国家得到了验证。五个方面的特征是：

1. 经济方面，从以产品生产经济为主转变为服务性经济在国民经济中占最大比重，大多数劳动力不再从事农业或制造业，而是转向从事服务业。

2. 职业分布方面，包括教师、工程师、工程技术人员与科学家在内的专业与技术人员阶层将处于社会主导地位，引领经济和社会发展。

3. 理论知识处于价值的中心地位，它是社会革新与制定政策的源泉，研究机构和知识部门等汇集和充实理论知识的场合则成了社会的中轴结构。

4. 未来的方向是控制技术发展，对技术进行鉴定，在技术使用之前按照一定的标准进行评价与选择。

5. 创造新的"智能技术"，用于政策制定和决策判断。所谓"智能技术"，就是用规则系统来代替直观判断，其特点是能确定理性的行动并能够识别实现这种行动的手段。

丹尼尔·贝尔认为后工业社会有四个标志：

1. 最大的标志是大多数劳动力不再从事农业或制造业，而是从事服务业。

2. 经济生活方面的重要标志是由商品生产经济变为服务型经济。

3. 职位方面的标志是拥有专业和技术的人才在经济活动中处于优先地位。

4. 在决策方面，则是不断创造新的"知识技术"，科学技术引领决策方向。

第二节　"后工业化"概念的演变

一、20世纪70年代的认识

这个时期，以丹尼尔·贝尔的认识比较有代表性。丹尼尔·贝尔认为，美国是第一个进入后工业社会的国家，后工业社会将是人类的未来。

他的后工业社会理论包括五个方面的内容：

1. 后工业社会的经济主要是服务业①型经济。

2. 专业和技术人员在后工业社会占主导地位。

3. 理论知识是后工业社会的中轴,成为社会革新和制定政策的主要资源,生产知识的大学、研究部门、研究中心是社会的核心机构。

4. 后工业社会通过技术预测和技术评估来规划与控制技术的发展。

5. 后工业社会运用新的智力技术来进行决策。

以丹尼尔·贝尔为代表,这一时期的学者对"后工业化"的认识尚处于比较传统的阶段,主要包括以下几方面的认识:

1. "后工业化"是一个国家工业经济发展到较高水平才开始出现的变化。

2. "后工业化"是以服务经济在国民经济中占有强大地位为特征的,并且形成了以中产阶层为主的社会阶层结构。

3. "后工业化"国家在国际经济中的分工处于产业链的高端,经济体的发展也必须达到较高水平,城市化已经进入较成熟阶段。

4. "后工业化"是一个渐进有序的动态变化过程。

这一时期进入后工业化阶段的主要标志被界定为:农业在三次产业结构中的比重小于10%,而且第三产业的比重高于第二产业;农业就业人口比重为10%—30%;城市化水平为60%—75%。按此标准,美国完成工业化并进入后工业化阶段的时间是1955年,当年其工业比重为39.1%,达到最高值。日本、韩国进入相同阶段的时间分别为1973年、1995年,它们工业比重的最高值分别为36.6%、41.9%。英国、美国完成工业化分别花了200年、135年,而日本、韩国仅分别花了65年、33年。此外,工业内部结构也会发生显著变化,各种工业部门的占比会此长彼消。这些国家的工业化后期以技术自主创新为主导,实现创新式发展,直到各主要领域具有自主的核心技术和世界知名品牌,装

---

① 在这里,服务业指的是除农业和制造业两种产业之外的商业、财经、交通、卫生、娱乐、科研、教育和行政工作等。

备制造等高加工度的制造业比重明显上升。这个阶段的出口以精密生产设备、器件和高端工业原材料为主，城乡差别消失，农民的收入接近或超过工人。

二、21世纪以来的认识变化

从20世纪80年代起，发达国家在信息和通信技术领域呈指数化增长趋势的推动下，其产业结构由工业经济向知识经济调整和转化，技术进步和知识资本投入决定了这些国家经济增长方式和产业结构的变化。这一变化可以把对工业社会发展阶段的认识概括为：

前工业社会时期：城市数量少，发展比较缓慢，跨越的时间很长；城市规划布局简单，缺少基础设施和公共设施的规划；城市主要功能局限于政治中心和经济中心；大多数城市处于自发形成和自由发展阶段。

工业社会时期：因工业发展的需要，城市的数量快速增加，规模迅速扩大；城市汇集了一个国家的主要人口，成为人类活动聚集地；城市发展带来的负面影响，诸如环境污染、交通拥挤、住房紧张等开始大量显现。

后工业社会时期：这个时期因各国的经济发展水平不同，城市化在世界各地区发展并不平衡；发展中国家的城市化进程还在持续，城市规模仍在扩大；城市中各种社会问题突出，贫富阶层矛盾激化；城市群和城市带在经济发达地区不断出现和壮大；城乡差距缩小，收入和生活水平接近，出现城乡一体化趋势。

这种认识的变化源于人类正在由工业化时代进入信息化时代，信息化时代是人类社会进步发展到一定阶段所产生的一个新阶段，是在计算机技术、数字化技术和生物工程技术等先进技术基础上产生的。信息化在技术层面指的是多种技术综合的产物，它整合了半导体技术、信息传输技术、多媒体技术、数据库技术和数据压缩技术。信息化使人类以更快、更便捷的方式获得并传递人类创造的一切文明成果，也因此在更高的层次整合了政治、经济、社会、文化等诸多领域。

进入 21 世纪后，信息成为第一生产要素，同时构成信息化社会的重要物质基础。信息时代的这一发展趋势已经成为一种历史潮流，并改变着当今世界的面貌和格局。持续的技术创新不仅开创了新的产业门类，而且推动了成熟产业的改造和再生。发达国家在信息通讯技术的推动下，其产业结构正由工业经济向知识经济转换，知识资本的大量投入是决定这些国家经济增长和结构变化的关键因素。

信息技术的革命掀起新时代的革命，彻底改变了经济增长方式以及世界经济格局，带领全球进入网络经济时代。信息技术正在模糊时间和距离的概念，大大加速了全球化的进程。工业社会的庞大结构将解体，然后集中进行调控，分散在各个销售市场进行生产，这就是当前进展最快、影响重大的经济全球化趋势，并在该趋势的推动下出现大量跨国企业。这大大加快了世界经济全球化的进程，促进了国际贸易和国际金融的发展。

互联网的普及也不断加快，使移动通信可以最大限度地发挥作用。随着信息网络的互联，全球每一个国家和地区从城市到村庄，都能够以光速相互传递信息和图像。随着计算机信息网络进入每一所学校、每一个企业、每一个家庭，甚至每个人的电脑，生产、管理、流通、教育、科研、医疗和娱乐等各种社会活动对信息网络的依赖将越来越大，数据、文字、图像、声音和影视等各种信息交流将主要通过网络进行传输，网络化空间成为现实空间和工作空间。

由此可见，工业时代多依赖土地、劳力和资本等有形的物质资源，信息时代则主要开发和利用数据、图像等信息和知识资源。发达国家正出现以信息技术为主的后工业化扩散周期，在全球形成两个周期并行、交叉、重合的局面，由此对社会的产业结构、生产活动方式、全球经济格局、组织结构、管理决策等诸多方面产生了深刻而久远的历史性影响。

第三节 "后工业化"的再界定

一、工业经济发展阶段与城市及社会发展问题

城市是以空间和环境利用为基础,以实现经济效益、社会效益和环境效益的结合为目标,集人口、经济、文化为一体的空间地域系统,是社会经济发展到一定历史阶段的必然产物,所以说城市是发展工业最好的载体。"城市化是一定地域的人口规模、产业结构、管理手段、服务设施环境条件以及人们的生活水平和生活方式等要素由小到大、由分散到集中、由单一到复合的一种转换或重组的动态过程"。[①] 工业化是城市化的经济内涵,城市化是工业化的空间表现形式,二者相互促进。从工业化与城市化历史演进互动关系看,在工业化初期,主要是工业化进程推动了城市化进程,而到了工业化中后期,城市化进程的加快又牵引了工业化进程的推进。

城市化是一个国家社会经济发展到一定阶段必然出现的历史发展过程,是全球性的社会现象。对城市化的内涵,不同学科有各自不同的理解。经济学认为城市化是指不同等级地区的经济结构转换过程,即由农业经济活动向非农业经济活动的转换;地理学强调城市化是一个地域空间过程,包括城市数量的增加和城市规模的扩大;社会学则认为城市化意味着人类生活方式的转变,即由乡村生活方式转为城市生活方式等。由此可见,城市化是一种复杂的社会经济现象,其影响因素是多方面的,几乎涵盖了政治、经济、社会、文化、科技等各个方面,但经济因素对城市化的影响是最根本的、具有决定性的。反之,城市化也对社会

---

① 引自钟秀明、武雪萍著:《城市化之动力》,中国经济出版社2006年版,第14页。

经济发展产生了广泛的影响。

从世界各国的工业化、现代化历程来看，城市化是伴随着市场化、工业化发生的，是从二元社会结构向一元化结构转化和农村人口转移到城镇从事非农产业的过程。在这个过程中，农民的职业、身份和生活方式都发生了深刻的变化，即由农民转变为居民，从乡村生活转为城镇生活。城市化是伴随着工业化的不断发展而出现的，并因经济、社会的发展而发展，是农村要素不断转化为城市要素以及城市要素不断向农村扩散的双向互动的过程。如果说经济总量是代表城市发展的数量维度，那么产业结构大致可以理解为代表城市发展的质量维度。这种现象突出表现为农业人口向非农业人口、乡村人口向城市人口的转化与聚集。由此可见，城镇化是现代化的必由之路，是保持经济持续增长的强大引擎，是加快产业转型升级的重要抓手，是推动区域协调发展的有力支撑，是促进社会全面进步的必然要求。

中国的城市化进程与工业化进程是分不开的。改革开放以来，伴随着工业化进程的加速，中国经历了人类历史上前所未有的城市化进程。从中华人民共和国成立到改革开放初期，由于受传统体制的约束，中国的城市化与工业化相互分离，城市化滞后于工业化，阻碍了工业化的发展。改革开放后，中国开始建立市场经济体制，各类市场迅速建立起来，大大促进了城市经济的发展，给城市发展注入了重要的新动力。新型工业化的道路有力地促进了城市化的发展，城市化水平不断提高。从20世纪90年代下半期开始，中国城市化滞后的现象逐步消失，城市化与工业化相互适应的关系逐步得到确立。城市化的快速发展，已经基本解决了城市化落后于工业化的问题。

城市化过程也是社会大发展的过程。城市的发展有赖于城市化过程的积极推进，没有城市化的强力驱动，就没有社会的大发展。也就是说，城市化进程的一个重要目的就是发挥城市在社会发展中的带动作用。当然，社会发展和城市化过程是相互影响、相互促进的，社会发展也为城市化提供了契机和原动力，从而促进了城市化进程。

二、可持续发展观的影响

工业革命与科学技术的迅猛发展在给人类带来巨大物质文明成就的同时，也带来了严重的负面影响：一方面，经济的发展带来了全球性的环境污染与生态危机；另一方面，对自然资源无节制的开发利用使资源濒于枯竭，并且对人类的生存产生了直接的威胁。

在人类活动中，生产活动是与环境发生作用最频繁、最密切的部分，因此环境问题[①]贯穿于人类发展的整个阶段。在不同的历史阶段，由于生产方式和生产力水平的差异，环境问题的类型、影响范围和程度也不尽相同，大致可分为三个阶段：自人类社会发展到工业革命为止，是早期环境问题阶段；从工业革命到1984年发现南极臭氧空洞为止，是近现代环境问题阶段；从1984年至今为当代环境问题阶段。

18世纪兴起的工业革命埋下了人类生存和发展的潜在威胁。工业化快速发展过程中，由于过于注重工业发展，工业公害、环境污染、分配不均等一系列问题十分严重。首先步入工业化进程的西方国家，最早享受到工业化带来的繁荣，也最早遇到工业化带来的问题。从20世纪50年代开始，"伦敦雾""日本水俣病""旧金山蓝雾"等环境公害事件就层出不穷。当前世界环境问题更加严重，主要包括臭氧层破坏、海平面上升、大气及酸雨污染、森林破坏与生物多样性减少、土地荒漠化等问题。由此可见，工业和科技发展的同时也消耗了大量资源，加剧了资源短缺的压力，破坏了生态和环境。

面对这些问题，欧美发达国家逐步将淘汰的污染型产能向第三世界国家转移，以此降低本国传统工业造成的环境污染，工业人口则向服务

---

① 环境问题在这里是指人类活动给自然环境造成的破坏和污染这两大类。

业转移，并大力发展金融业，创造了虚拟经济，这也被称为"去工业化"。但"去工业化"也带来了一系列问题，作为曾经的世界工厂，美国正在饱尝"去工业化"的苦果。在低端工业转移到第三世界后，美国依靠美元霸权和一些高端工业支撑国民经济，在钱生钱的金融游戏下，经济越显脆弱，2008年的金融危机就可见端倪。从工业转移出来的人口进入服务业，成熟技术工人在"去工业化"的过程中逐渐减少，这也加速了美国制造业的衰落和社会贫富两级分化。随着"去工业化"，大批工人阶级失业，而美国金融业者、会计师、律师、医师的教育成本异常高昂，这些岗位的稀缺性和专业性造成阶层流动趋于停滞，因此以美国为代表的一些发达国家重新开始了产业发展战略的调整和改变。

与此同时，资源问题也日益突出，向人类发出了严峻的挑战。这一问题既对经济和社会的发展提出了更高目标，也使经济发展日益受到人们的重视。在目前的情况下，任何一个国家要增强本国的综合国力，都无法回避资源和生态环境同社会的协调与整合的问题，因此详细考察这些要素在综合国力系统中的功能及适应机制，进而为国家制定和实施可持续发展战略决策提供理论支撑，就显得尤为重要。社会经济只有在物质的环境中才能有所发展，如果只注重资源环境，社会经济就不会进步；同理，如果只注重社会经济的发展，使资源枯竭和环境遭到破坏，人类的生存就不再安全。科技给人们带来了极大的物质满足，也带来了资源的急速消耗和环境的恶化，为了我们和我们的后代在地球上还能拥有基本生存条件，坚持可持续发展十分必要。

可持续发展观是20世纪80年代提出的一个新的发展观。它是应时代的变迁和社会经济发展的需要而产生的。"城市可持续发展理论主要是在城市自身发展理论的基础上，吸收了可持续发展研究中协同论、系统论、生态学理论和控制论的思想。"[1] "可持续发展"概念是1987年由布伦特兰夫人担任主席的世界环发委员会第一次提出来的，但其实这一理念可追溯至20世纪60年代，那时包括《寂静的春天》作者卡逊在内的一些学者就对人类的未来发展问题表示过忧虑。1989年5月，第15届联合国环境署理事会召开，经过反复磋商，通过了《关于可持续发展的声明》。声明里概括了"可持续发展"一词，系指满足当前需要而又不削弱子孙后代满足其需要之能力的发展。可持续发展还意味着维护、使用并且提高自然资源基础，这种基础支撑着生态抗压力及经济的增长。可持续发展还意味着在发展计划和政策中纳入对环境的关注与考虑，而不代表在援助或发展资助方面的一种新形式的附加条件。

可持续发展首先把环境建设作为实现发展的重要内容，因为环境建设不仅可以为发展创造出许多直接或间接的经济效益，而且可为发展保驾护航，向发展提供适宜的环境与资源。可持续发展把环境保护作为衡量发展质量、发展水平和发展程度的客观标准之一，这是因为发展越来越依靠环境与资源的支撑。人们在没有充分认识到可持续发展之前，并不知道传统发展形式正使环境与资源急剧衰退，能为发展提供的支撑越来越有限，越是高速发展，环境与资源就显得越重要。环境保护可以保证可持续发展最终目的的实现，因为所谓发展早已不是仅仅满于物质和精神消费，同时也把建设舒适、清洁、优美的环境作为要实现的重要目标。

实施可持续发展的前提是人们必须改变对自然的传统态度，即从功利主义观点出发，为我所用，只要是人类需要的，就可以随意开发使用，而应树立起一种全新的现代文明观念，即用生态的观点重新调整人与自然的关系，把人类仅仅当作自然界大家庭中一个普通的成员，从而真正建立起人与自然和谐相处的崭新观念。可持续发展要求人们放弃传

---

[1] 引自刘举科、孙伟平、胡文臻主编：《中国生态城市建设发展报告》，社会科学文献出版社2017年版，第8页。

统的生产方式和消费方式，也就是要及时坚决地改变传统发展的模式——首先减少进而消除不能使发展持续的生产方式和消费方式。它一方面要求人们在生产时要尽可能地少投入、多产出；另一方面又要求人们在消费时尽可能地多利用、少排放。追求可持续发展，就是要使人类的经济发展基本达到低能耗、低排放、无污染的水平，人类改造、利用生态、资源、环境的能力提升到较高的层面，经济发展与环境保护不再对立，而是相互作用、互补互促，形成良性循环。

城市发展是一项长期的系统工程，需要可持续发展做保障，否则，城市建设最终难以落实。应该纠正过去那种单纯靠增加投入、加大消耗来实现发展和以牺牲环境来增加产出的错误做法，从而使发展更少地依赖有限的资源，更多地与环境容量有机地协调。因此，还需要实施绿色发展战略，把推进绿色生态建设摆到更加突出的战略位置，大力推进可持续发展，进一步改善生态环境，保护生态资源，实现生态资源的永续利用。

三、"后工业化"的再界定

经过几十年的实践和理论发展，"后工业化"的界定有了一些变化，现在看待"后工业化"问题需要关注的几点主要是：

1. 随着工业化的逐步发展，各产业的生产率将发生变化，大多数劳动力转向服务业。商业、财经、交通、卫生、娱乐、科研、教育等行业吸收了大量就业人口。

2. 随着服务型经济的发展，社会工作重心转向办公室、教育机构和政府部门。

3. 后工业社会围绕知识、创新和变革实施社会控制和指导，形成了新型社会关系和新型结构。

4. 后工业社会理论知识占据发展理论的主导地位，成为制定决策、指导变革的决定力量。

5. 后工业社会所能掌握的进行社会变革的新手段，就是对技术的发展进行规划和控制。

那么，"后工业化"的界定就是：

1. 以信息技术为代表的高科技产业在经济中拥有领先地位。

2. 后工业化国家的工业制造业处在产业价值链的高端，具有更大的竞争力。

3. 城镇化已经进入成熟阶段，中产阶层人口占比最大，已成为社会的主导力量。

同时，新的"后工业化"概念不再简单地看待产业转型。比如"再工业化"问题，这本来不是一个新概念，多年前在对传统工业基地的改造和振兴中曾被广泛应用。20世纪70年代，"再工业化"是针对德国鲁尔地区、法国洛林地区、美国东北部地区和日本九州地区等重工业基地的改造问题提出的，但现在"再工业化"是西方学者基于发达国家工业在各产业中的地位不断降低、工业品在国际市场的竞争力相对下降、大量工业性投资移师海外而国内投资相对不足的状况提出的一种"回归"战略。如今发达国家的"再工业化"，是指经济发展要转向可持续增长模式，即出口推动型增长和制造业增长，要回归实体经济，重新重视国内产业尤其是制造业的发展。"再工业化"是美国、英国等消费型发达国家、工业化后期国家寻求经济再平衡和可持续发展的战略思路，即经济发展重心由虚拟经济转向实体经济，使工业投资在国内集中，避免出现产业结构空心化。这也反映了西方一些发达国家对过去那种"去工业化"发展模式的反思和重归实体经济的愿望。就美国来说，尽管制造业在美国经济中的比重只有15%左右，但由于经济总量巨大，美国制造业在全球的份额仍高达20%左右。美国"再工业化"战略就是在加快传统产业更新换代和科技进步的过程中，再一次依靠再工业化来推进实体经济的复苏。

第二章 当代城市发展中面临的主要典型性问题

第一节 人口增长停滞与老龄化带来的城市发展问题

一、少子化问题

自从工业革命以来，人类的生产力水平得到大幅度的提高，同时医疗技术也快速发展，人类进入到人口快速增长时期。目前全球的总人口已经超过70亿，但是全球的人口增长情况具有很强的地区不均衡性。也就是说，目前全球的人口增长主要来自发展中国家，而很多发达国家的人口增长是比较缓慢的，有的国家甚至出现了负增长。

在发达国家中，德国和日本所面临的人口问题可以说是最突出的。二战后，日本曾维持了很高的出生率，从1945年到1949年的几年内人口快速增长，人口总量从7215万人增加到8177万人。这一人口增长成为推动日本经济快速发展的人力保障，使得日本在20世纪七八十年代经济迅速发展，一跃成为发达国家。但到了21世纪，日本民众的生育意愿快速下降，出现了被称为"少子化"的现象。少子化一般是指出生率下降造成的儿童数量减少的现象。这个现象是工业化国家的共有情况，但日本的"少子化"现象更为严重，已经成为日本的社会病，也就是说它已经是困扰着日本政府以及社会各阶层的社会问题。日本政府早在2005年12月17日颁布的《少子化社会白皮书》中，就十分忧虑地将本国人口状况形容为"超少子化国"，并预计日本有可能从2006年开始进入总人口减少阶段。这一"时间表"比先前有关专家的估测又提早了整整一年，并且是首次出现在政府部门的正式文件中。

是什么原因导致日本出现"少子化"现象呢？

首先是由于生活压力大，晚婚、晚育、不婚、不育成为日本中青年的普遍现象。在日本当前的社会形势下，生儿育女是需要付出一定代价的，导致很多年轻人不愿意过早结婚、生育。日本社会适婚男女平均初婚年龄一再推迟，不希望早早成家的青年男女越来越多，晚婚化日趋普遍。

另外，生育并培养一个孩子所需时间和精力太多，要花费的成本太高，而20世纪90年代开始的不景气的经济形势意味着养育孩子将变得更加艰难。

再有就是日本自二战后逐渐由大家庭的模式进入到小家庭的模式，孩子出生以后缺少老人帮助照料。

还有一个比较重要的因素是，很多年轻女性特别是有着高收入和好工作的职场女性根本不愿意结婚，因为选择生育就意味着在未来的几年甚至十几年要远离职场而成天围着孩子转。好不容易盼到孩子上学再重返职场时，女性却发现原来自己已经不适应曾经的工作了，或者只能打短工度日。这也反映了日本一个更为深刻的社会问题，即男女地位不平等的问题。"少子化"现象其实正是日本多年来男女地位不平等导致的必然结果。

尽管日本政府为提高女性的地位和完善育儿环境采取了一系列措施，但并没有缓解人口下降所带来的巨大压力。

不只是日本，发达国家普遍面临人口增长停滞、甚至负增长的问题。就欧洲发达国家而言，"从摇篮到坟墓"的完善的社会保障体系也颠覆了其传统的养育观念。由于生育子女数量的增多会增加人们的经济负担和多花费照顾子女的时间和精力，因而发达国家的人们选择生育子女的数量较传统社会要少得多，有相当一部分人甚至选择不育。这也是现代社会里发达国家生育率下降的一个重要原因，从而导致现代社会发达国家人口自然增长率偏低。

"劳动年龄人口数量的钝化通常起因于新生劳动力的减少。"[1] 日本、西欧及北欧各国生育率逐年降低，导致人口常年负增长，由此产生了一系列问题：中青年劳动力不足，不得不引进外国移民解决问题；人口减少导致消费不振，经济长期低迷；老龄化情况每年都在加剧，社会的养老支出逐年增加，成为一大负担；青少年的减少导致国家缺少朝气和活力等。劳动力短缺、社会福利支出增加、财政压力增大等社会问题令政府面临很大压力，同时为解决劳动力不足而采取的移民政策还带来一些新的社会问题，如移民与原住民的文化冲突和社会治安问题等。

二、老龄化问题

按照现代人口学理论，人口老龄化是指一个国家或地区总人口中年轻人口数量减少、年长人口数量增加而导致的老年人口比例相应增长的动态过程。反映人口老龄化的统计指标大致划分为三类：反映人口老龄化程度的指标、反映人口老龄化速度的指标和抚养比指标。

从"老龄"的年龄标准来讲，目前我国一般是以 60 岁作为老年人口的起点年龄，国际上则多以 65 岁为起点年龄。但随着人民健康水平的提高和人口寿命的延长，在分析老年人口问题时，我国也逐渐将老年人口的起点年龄向 65 岁的国际标准靠拢。一般来说，一个国家或地区

---

[1] 引自李仲生著：《发达国家的人口变动与经济发展》，清华大学出版社 2011 年版，第 131 页。

60岁以上老年人口占人口总数的10%，或65岁以上老年人口占人口总数的7%，就意味着这个国家或地区处于老龄化社会。

之所以会出现老龄化问题，是因为发达国家经济不断发展，个人健康意识日益提高，医疗保健条件日趋完善，因而人均寿命不断延长。人口生育率降低和人均寿命延长导致总人口中年轻人口占比减少、年长人口占比增加是人口老龄化的主要原因。从人口老龄化的直接表现来看，人口老龄化出现的原因主要包括两个方面：一方面，人口生育率下降，使低龄人口数量和比重减少，老年人口的数量和比重相对增加，即使老年人口数量没有增加，但由于低龄人口数量和比重减少，老年人口的比重也会相对增加，从而促进人口老龄化；另一方面，老年人口死亡率下降后，老年人口寿命延长，使老年人口的比重增加，加速了人口老龄化。人口出生率不断下降，老年人口寿命越来越长，已成为各国经济、医疗、社会等方面急需解决的难题，即"老龄化"问题。

目前，日本是人口老化最严重的国家，日本总务省2017年6月底发布的调查报告指出，日本65岁以上高龄者占总人口的26%，居全球之冠，未满15岁人口跌至11.6%，创全世界最低纪录，成为全球最少子化和高龄化的国家。老龄人所能从事的工作强度小、对脑力要求相应要低，而年轻人所从事的工作对体力和脑力都有较高的要求，因此日本的人口问题不仅体现在人口老龄化，社会中老年人比重高也导致劳动力缺乏，社会活力下降。日本自20世纪90年代以来经济发展持续低迷，与日本老年化率不断提高有着很大关系。

日本还面临人口负增长的问题，到2017年为止日本已经连续6年面临人口负增长。日本人口在2011年达到1.2781亿，之后就持续减少，2012年为1.2756亿人，2013年为1.2733亿人，2014年为1.2713亿人，2015年为1.2695亿人，2016年为1.2693亿人。2017年，日本人口减少了40.3万人。根据这一人口负增长速度，日本大约每年劳动力减少超过50万人，预计未来20年劳动人口数量将减少300万人。预计到2050年，日本劳动人口数量将会比2015年减少4成，并且如果按照这种趋势发展的话，到2115年日本总人口将从1.265亿人减少到5100万人。① 人口负增长造成劳动力不足，使得日本的经济发展受到很大挑战，各种社会问题层出不穷。泡沫经济和人口减少导致了持续多年的停滞，日本历届政府都努力想让经济摆脱滞涨，但在过去30年的大部分时间里，其国内生产总值增长率一直在0到2%之间徘徊。

中国同样面临老龄化问题。国家统计局发布的2017年国民经济和社会发展统计公报数据显示：2017年年末中国大陆总人口（包括31个省、自治区、直辖市和中国人民解放军现役军人，不包括香港、澳门特别行政区和台湾省以及海外华侨人数）为139008万人，比上年末增加737万人。从年龄构成看，16周岁至59周岁的劳动年龄人口为90199万人，占总人口的比重为64.9%；60周岁及以上人口24090万人，占总人口的17.3%，其中65周岁及以上人口15831万人，占总人口的11.4%，从2011年开始，中国劳动力占比达到74%的峰值，此后劳动年龄人口增速逐渐下降。尽管中国在2015年底取消了实行数十年的独生子女政策，但推出的二胎政策未见明显成效。2017年出生的婴儿总数是1723万人，比2016年减少63万人。

中国人口的老龄化程度也在加速。2017年，全国人口中60周岁及以上人口24090万人，占总人口的17.3%，其中65周岁及以上人口15831万人，占总人口的11.4%。60周岁以上人口和65周岁以上人口都比上年增加了0.6个百分点。预计到2020年，老年人口将达到2.48亿，老龄化水平达到17.17%，其中80岁以上老年人口将达到3067万人。到2025年，60岁以上人口将达到3亿，65岁以上老年人比例也将达到13.7%，接近深度老龄化社会，成为超老年型国家。2030年，60岁以上老人比例将接近1/4，65岁以上老人比例将达到16.2%。2035

---

① 摘自《2018国际统计年鉴》，中国统计出版社2018年版，第201页。

年，联合国预计中国人口老龄化将超过美国。2040年，60岁以上老人比例将达到30.65%，65岁以上老人比例将达到22%，进入超级老龄化社会。2050年，60岁以上老人数量将达到4.34亿，比例达到31.65%以上。① 从2010年开始，中华人民共和国成立之后婴儿潮出生的人口将相继步入老年，直到2040年。虽然中国的总人口正在缓慢增长，但劳动人口的数量从2012年开始不断减少。考虑到20世纪70年代末计划生育工作的力度，预计到2040年，中国人口老龄化进程将达到顶峰，之后，老龄化进程才能进入减速期。

中国人口老龄化的主要特点如下：

1. 中国的总人口中老年人绝对数量大，老龄化高峰将提前到来。中国仅仅经过20年左右的时间就从老年人口占总人口的10%攀升到20%。过去，为控制人口的急剧增长，国家曾推行了几十年的计划生育政策，使得人口出生率迅速下降，但这也加快了中国人口老龄化的进程，使中国提早达到人口老龄化高峰。

2. 中国是在社会经济未完全发达状态下进入人口老龄化阶段的。不同于欧美日等发达国家，中国进入老龄化社会时，人均国民生产总值约为3000美元，这一情况增加了解决老龄化问题的难度。

3. 中国是在多重压力下进入人口老龄化阶段的。中国在未来几十年都要建设和完善社会主义市场经济体制，会遇到各种错综复杂的问题，这使得解决人口老龄化问题的任务更加艰巨。

4. 中国缺乏照料的独居老人和空巢老人不断增加。随着中国城市化进程的不断加速，传统多代同堂的家庭模式越来越少，家庭趋于小型化，传统的家庭养老功能正在逐渐弱化。

5. 中国应对老龄化的准备不足，软件和硬件条件尚不完善。无论是相关的政策及法律法规还是养老配套设施，都在建设过程中。

---

① 摘自《2018中国统计年鉴》，中国统计出版社2018年版，第67页。

三、日本的城市发展危机

日本城市化开始于明治维新时期，这个时期，产业革命带动人口向城市聚集。1868年，明治天皇迁都东京，日本开始学习西方现代化的政治、经济和社会改革，提出"富国强兵""殖产兴业""文明开化"的目标。在改革落后的封建制度的同时，日本增强了军事力量并培植资本主义经济。1868—1885年间，在接收幕府和各藩经营的工厂和矿山的基础上，日本引进了西方先进国家的技术设备，聘用外国专家和技术人员，建设了一批兵工厂、采矿场，以及以生产纺织品为代表的"模范工厂"，开始了产业革命。也正是这一阶段对劳动力的需求，使得大量农村人口涌入城市。1889年，日本开始设立市制。1920年日本第一次全国国情调查时，城市人口为1000多万，占总人口的18%。而在产业革命后期，从1920年到1930年的10年间，城市人口达到1544万，占全国总人数的24%，但绝大部分人口仍生活在农村地区。直到20世纪40年代，日本的城市化水平仍落后于当时的欧美工业化国家。

20世纪50年代，在朝鲜战争物资需求和新技术革命的背景下，日本迎来了经济高速发展的时期，人口也加速向东京等大都市聚集。1968年，日本超过联邦德国而成为世界第二大经济体，并保持到2009年，城市化也进入加速期。这期间，农业劳动力平均每年转移42.9万人，城市化水平由1955年的56.1%跃升至1975年的75.9%，成为高度发达的城市化国家。总而言之，日本的城市产业发展都是在日本中央和地方政府的规划指导下进行的，日本总体上是在尊重市场行为主体和市场运行规律的前提下，以政府的作为来弥补市场缺陷。战后的这段时间里，在快速工业化的带动下，日本城市化进程加快，仅用了50年的时间就完成了欧美国家100年的城市化进程。

日本城市化过程中的一个突出问题是城市过度集中。在城市化过程中，高度紧张的国土空间资源，外向型经济发展模式以及政府主导的工业化发展历史，使日本的城市、人口、经济高度集中在东京附近的关东平原，名古屋附近的浓尾平原和京都、大阪附近的畿内平原。东京、京阪神（京都、大阪、神户）、名古屋三大都市圈，占地面积10万平方公里，约占日本国土面积的20%，人口将近7000万，占日本总人口的61%，同时集聚了日本工业企业和工业就业人数的2/3、工业产值的3/4和经济总量的80%，成为日本政治、经济、文化活动的中枢地带。城市的过度集中导致地价飙升，引发"地产泡沫"。在1955—1990年的35年间，日本消费物价指数仅增长了4.5倍，GNP增长了近50倍，工资增长了近20倍，而同期全国城市的地价却增长了近67倍，东京市区、大阪、名古屋、京都、横滨和神户六大城市的住宅用地价格增长了近200倍，1989年东京的土地价值相当于整个美国。正因如此，20世纪90年代初地价崩溃后，日本经济受到严重打击，陷入长期低迷状态。

在"地产泡沫"破灭后，日本经济的发展受到严重影响，少子化与老龄化更给日本城市发展带来了双重危机。少子化现象带来的社会问题直接导致日本的人口结构严重不合理。婴儿出生率低而老龄人口增长率高导致日本人年龄结构呈倒金字塔形，这一不合理的人口结构难以适应经济和社会发展的需要。同时，青壮年数量减少也影响着日本经济的发展。根据日本国会的统计，青壮年人数2015年只有1290万，从2005年开始的10年之间20来岁的年轻人口激减300万以上，这与20世纪60年代20来岁的人口激增形成鲜明对比。在国际社会的各种竞争中，缺少头脑灵活、精力充沛的青壮年必将影响日本实力的增长，并且还有可能削弱其现有的优势。

少子化还影响了日本城市教育事业的发展。由于孩子出生率低，很多地方不得不开始采取合并学校的方式，即几所小学校合并为一所学校，以防止学校因缺少适龄入学儿童而闲置的现象。另外，由于经济不景气，日本国民消费水平开始下降，教育费用却居高不下，再加上少子化的影响，日本目前已有部分大学因生源不足而经营困难。

少子化现象给日本城市社会保障系统也带来了严重影响。老龄人口增多，退休人员增多，青壮年数量减少，加重了日本社会的养老负担。2008年轰动日本的"养老金丑闻"使得养老已经成为日本社会急需解决的一大问题，而解决这一问题的关键是要有足够的青壮年创造出足够多的社会财富。

从长远来看，少子化更关系到日本民族的存亡。日本已经进入人口负债期，受人口因素影响，其有可能进入经济低增长、无增长或者负增长的状况。

第二节　产业转移与空心化带来的城市发展危机

一、产业调整与转移

产业结构表明了国民经济各产业部门之间以及各产业部门内部的构成，产业结构的变革是经济增长和发展的基本推动力之一。调整产业结构是经济发展过程中的客观规律，经济发展总是与产业结构调整相伴随。各国发展经济的一个重要课题就是调整和建立合理的产业结构，以促进经济和社会的发展。

就发达国家的三个产业在经济发展中的特点而言，第一产业的增加值和就业人数在国民生产总值和全部劳动力中的比重呈不断下降的趋势。第二产业的增加值和就业人数占国民生产总值和全部劳动力的比重在20世纪60年代以后就开始下降，其中传统工业的下降趋势更为明显。各国第三产业的增加值和就业人数占国民生产总值和全部劳动力的比重都呈上升趋势，发达国家的第三产业发展比重均超过了60%。从三个产业比重的变化趋势中可以看出，发达国家在完成工业化之后逐步向"后工业化"阶段过渡,高技术产业和服务业日益成为国民经济发展的主导部门。

大多数发达国家取得经济成就靠的是工业化,如纺织、钢铁、汽车等制造业,但随着时间的推移,制造业的发展逐渐让位于服务业。英国制造业比重在第一次世界大战前曾高达45%左右,然后下降到略高于30%,20世纪70年代初后开始急剧下降至目前制造业占全部劳动力数量略低于10%。美国制造业在19世纪初占全部所雇劳动力的不到3%,到20世纪50年代升至25%—27%后开始去工业化,制造业近年来吸纳的劳动力不到10%。德国制造业就业人数1970年左右达到高峰,接近40%,之后稳步下降至今。韩国在30年时间里走完了早期工业化国家要一个世纪或更长时间完成的过程,制造业就业人数从1950年的低于5%上升到1989年的高点28%,但之后又下降了10个百分点。

20世纪80年代以来,发达国家在信息通讯技术的推动下,其产业结构正由工业经济向知识经济转换,知识资本的大量投入成为决定这些国家经济增长和结构变化的关键因素。持续的技术创新不仅开创了新的产业门类,而且推动了成熟产业的改造,还导致国家产业政策的改变,产业结构高级化成为有关产业部门在技术进步基础上向高经济效益方向转化的趋势和状态。也正是从20世纪80年代起,在信息和通信技术呈指数化增长趋势的推动下,发达国家的产业结构开始由工业经济向知识经济调整和转化,技术进步和知识资本投入推动了发达国家经济结构的变化。

20世纪90年代,随着知识经济在发达国家逐步成为现实的经济形态,全球经济体系开始面临新的国际分工变化,新一轮世界产业结构调整不可避免,国际分工格局中出现了"产品差别型分工"和"生产工序型分工"深化发展的特点。人工智能与制造业的结合使得以低成本劳动力加入全球价值链的模式已难以为继。随着人工智能、远程服务、需求定制等新的生产服务方式的出现，劳动力成本不再成为企业生产区位选择的核心要素，取而代之的则是区域科技水平和劳动力素质等其他因素。定制化生产服务方式也改变了大规模、低成本的生产服务方式。

产业结构调整是世界性趋势，在经济全球化的冲击下，原有的分工格局和资源配置方式、范围正在发生重要转变，大规模产业结构调整的活动正在全球范围内兴起。新技术革命推动了世界经济结构的变动和转换，以计算机和网络技术为代表的新技术革命推动全球经济结构发生了深刻变化。在最新一轮调整中，美日欧三大发达经济体在结构调整的总体趋势是一致的：首先是以升级传统制造业的再工业化为核心；其次是以生态化的绿色增长和高科技为代表的智能增长为基本方向；再次是以新能源技术和新一代信息技术为主要特征；最后是以规划和法案的形式明确调整的方向和重点。

至于产业转移，这个问题早已引起学界的关注，但在对其概念的界定上，迄今尚无统一的定义。目前比较认同的概念是，产业转移是指产业由某些国家或地区转移到另一些国家或地区，是一种产业在空间上移动的现象。由于国际经济的特点，产业调整与转移一直在世界范围内进行。产业结构的转移形成的国际贸易和经济交流本身是符合市场规律的经济行为，能够达到资源配置的最优化。在发达国家或地区，产业结构调整导致原主导产业向国外转移，而原主导产业顺利实现向国外转移，可使国内的生产要素集中到新的主导产业，为产业结构顺利调整创造条件。对于发展中国家或地区而言，接受发达国家的产业转移，可加快本国或地区的经济结构调整，缩短产业升级的时间。

发达国家向外进行产业转移的前提是其自身产业结构的进一步升级，即发展先进产业以替代向外转移出去的相对落后产业。全球产业转移是指发达国家将落后产业转移到发展中国家，再进一步向更落后的发展中国家转移，这是基于市场经济配置资源的内在规律，具有客观性和趋势性。从世界范围来看，国际产业转移先后经历了四次，每一次都加速了承接国的工业化进程。

第一次国际产业转移发生在18世纪末19世纪上半叶，产业转移的路径是从英国向欧洲大陆和美国转移。首先完成工业革命的英国当时是第一个"世界工厂"，仅占世界人口2%的英国在19世纪前70年里一直控制着世界工业生产的1/3—1/2、世界贸易的1/5—1/4。英国国际产业转移的目的地主要是欧洲大陆国家以及北美，而美国作为一个新兴国家，是这次国际产业转移的最大受益国。美国有良好的自然条件，来自英国的国际产业转移奠定了美国后来的物质基础，推动了美国工业的迅速发展，使其在19世纪末成为世界第一大工业强国，成为世界工业发展史的第二个"世界工厂"。

第二次国际产业转移发生在20世纪50—60年代，产业转移的路径是从美国向日本和德国转移。20世纪50年代，美国对其国内的产业结构进行了重大调整，将钢铁、纺织等传统产业转移到日本和德国，进行海外投资和资本、技术输出，美国国内则主要致力于集成电路、精密机械、家用电器和汽车等资本和技术密集型产业的发展。德国、日本通过承接转移产业，大大加快了工业化进程，工业产业的竞争力迅速提高。德国、日本迅速发展成世界经济强国，而日本则成为世界工业发展史上的第三个"世界工厂"。

第三次国际产业转移开始于20世纪70—80年代，产业转移发生的主要区域在东亚地区。这次国际产业转移是由日本主导的，日本成为第三次国际产业转移主要的输出国，而东亚"四小龙"（韩国、中国台湾、中国香港、新加坡）是这次国际产业转移的主要承接地。由日本推动的东亚地区产业转移使这些国家和地区获得发展劳动密集型加工产业的契机，逐步实现了由进口替代型产业向出口加工产业的过渡，成为新兴的工业化国家和地区。这一次国际产业转移，催生了东亚"四小龙"的经济发展奇迹。

第四次国际产业转移发端于20世纪90年代并延续至今。这一次国际产业转移输出地不仅有日本，还有东亚"四小龙"和美国，产业承接地主要是中国大陆地区。这一次，美、日、德等大力发展新材料、新能源等高新技术产业，将产业结构重心向高技术化、信息化和服务化方向发展，进一步把劳动、资本密集型产业和部分低附加值的技术密集型产业转移到中国。中国大陆地区因其广大的市场，还吸引了日本、美国和欧洲的大量投资，制造业得到迅速发展。第四次国际产业转移奠定了中国作为世界制造大国的国际地位，中国以土地、劳动力和规模经济为主导形成了新的制造业优势，成为全球制造业中心。2007年中国的高新技术产品出口跃居到世界第一位，中国于2008年超过德国成为世界第一大工业制成品出口国，现在已成为全球最大的制造业生产国，工业品产量稳居世界第一位。

由上还可看出，20世纪以来技术革命的周期正在逐渐缩短。随着各国技术的进步和产业结构水平的提高，越来越多的发达工业国在产业升级的同时将原有传统产业转移到更低产业梯度的国家。对于发达国家来说，其新兴产业都是高技术产业，高技术产业因受研发投入、研发时间、技术革新等的制约而有一定的时间间隔，因此处于最高梯度的产业转移往往伴随着技术革命。全球产业链的变化使得第四次产业转移不同于前三次，前三次产业转移都是单方向由上往下的转移，即由经济发达国家向新兴发展国家的转移，这次转移则出现了双向的转移。随着全球整体产业结构水平的升级，国际产业转移已不再局限于发达国家和发展中国家之间，发达国家之间、发展中国家之间的产业转移也并不少见。全球产业结构调整加快也为中国产业升级带来机遇，在这种情况下，新技术、新产业不断出现，产业发展呈现一些新趋势，中国产业升级在这个过程中有着历史性的机遇。

二、产业单一化带来的问题

"产业化"的概念是从"产业"的概念发展而来的。所谓"产业",本来意义是指国民经济的各种生产部门。后来随着"三次产业"的划分和第三产业的兴起,"产业"泛指各种制造、提供物质产品、流通手段、服务劳动等的企业或组织。"产业"是具有同一属性的企业或组织的集合,又是国民经济以某一标准划分的部分的总和。产业结构单一化是指,城市中支撑的产业单一,部分城市建设时把一个城市搞成"纺织城""汽车城""石油城""金融城""化工城""钢铁城"等,一旦产业结构调整或转移,这个行业就可能出现危机,进而导致城市经济衰落。

产业结构单一的危害性是指,在其支柱产业受挫时,地区经济发展也会受到影响。比如有些地区,过去依靠煤炭、矿产等自然资源实现了快速发展,但是当经济增长放缓,煤炭、矿产需求不足时,这些地区的经济增长也会明显放缓或大幅下滑。比较典型的情况是,初级产品的出口往往成为单一产业国家维持国计民生的主要手段,这种状况使发达工业化国家掌握其经济命脉,通过低价掠夺原材料和初级产品,高价倾销工业品,获取巨额利润,并从经济、政治各方面控制此类国家,使之处于附属地位。单一产业结构使很多发展中国家很难全面、迅速地发展经济,使其与发达国家之间的差距越来越大,因此单一产业结构是一些国家和城市经济发展起伏较大的根源之一。

在城市发展史上,产业结构单一化导致的衰败屡见不鲜。

英国的航运城利物浦19世纪时的贸易量占世界贸易总量的40%,其财富总值超过了伦敦,但20世纪20年代末源于美国的经济危机使利物浦遭到打击,支柱产业萎缩,大批企业倒闭,失业率高达30%。

德国的莱比锡是重要的石化工业城市,但遭遇20世纪70年代的石油危机后，莱比锡人口锐减，由 1930 年的 70 万人减少到 54 万人，城区一片荒凉。

俄罗斯的伊万诺沃在苏联时期的纺织品产量占苏联纺织品总产量的 50%，但由于产业单一，经济在苏联解体前就开始崩溃。1998 年伊万诺沃工业总产值只有 1980 年的 20%，1998 年的失业人口达到 11 万人，占全市总人口的 19%。

近年来，中国东北地区经济出现断崖式下滑，GDP、工业增加值、固定资产投资、财政收支等宏观经济指标增速纷纷出现大幅回落，这与东北地区产业结构单一的城市比较多有很大关系。传统的资源型产业结构和粗放型经济增长方式，使东北形成较为单一的产业结构。东北地区"单一结构"的城市中，辽宁省有本溪市、辽阳市、盘锦市、朝阳市，吉林省有长春市、通化市、白山市、白城市，黑龙江省有大庆市、伊春市、佳木斯市、鹤岗市、七台河市、绥化市、双鸭山市和大兴安岭地区。这些城市的经济发展高度依赖资源产业和重工业，现代服务业发展滞后，抵御经济危机的能力很弱。

三、产业空心化与城市的衰落

产业空心化是指以制造业为中心的生产活动和资本大量、迅速地转移到区域外，使生产活动在区域经济中的地位明显下降，造成区域内物质生产与非物质生产之间的比例关系严重失衡。在一些发达的国家和城市，产业结构在一定发展阶段会出现一种趋势，即服务性产业部分的比重远远超过物质生产部分的比重而成为经济的重要部门，也就是说，发达国家和城市追求完善的经济服务，使得大部分物质生产部门都转移到欠发达的国家和城市。

从世界各国发展的经验看，城市化是工业化推动的结果。工业化需要劳动力在某些经济区域集中，这样可以产生聚集的效益。城市不仅提供了集约化经营的场所，而且创造新的市场、新的生活方式和新的就业需求。同时，产业结构也经历演进，一般趋势是：随着生产力的发展和技术的进步，第三产业的发展逐步超过第一、二产业，最终形成以第三产业为主体的产业结构。这种演变趋势是合乎规律的，但随之而来的问题是出现了产业的"空心化"现象。

发达国家的城市化进程大体可分为两个阶段。第一个阶段是"集中化"，时间是从工业革命开始到20世纪50年代。人口持续大规模地向城市集中，城市数量不断增加，规模不断扩大。第二个阶段是"分散化"，时间是20世纪60年代以来，西方发达国家城市化中出现了市郊化现象，大批居民从城市的中心区迁往郊区，卫星城发展迅速。

"产业空心化"现象的出现既是经济全球化、资本逐利性质的结果，也与一国经济决策和制度设计有着很大关系。由于劳动力成本以及原材料和能源价格不断攀升，制造业的成本优势逐渐丧失，劳动密集型制造业向南美和东南亚等具有更加廉价劳动力和生产原料的区域转移的趋势明显。发达国家的产业空心化问题在20世纪80年代后已初现端倪，21世纪以来更加凸显。

以美国为例，二战之后美国曾国力强盛，尤其是布雷顿森林体系确立了美元和黄金挂钩的金本位，使美元霸权成形。20世纪70年代，美国大多数中低端制造企业移到国外，这是美国产业空心化的开端。美国经济内部的问题除了金融界、银行界的问题外，更重要的是经济空心化，实体经济、制造业都外移到亚洲成本较低的国家和地区，甚至可以说产业空心化是美国经济最大的问题。实体经济减少，制造业大量外移，带来了严重的失业问题和由此引发的社会问题。"由于虚拟经济疯狂发展，实体经济严重下降，美国制造业的产值占经济总量的比重由1960年的29.7%一路下滑至2007年的不到12%。美国本来是世界上最大的物质生产国家，能源、钢铁、汽车等的产量均居世界首位，但这些产业都逐步衰落了。煤矿矿井减少了1/3，石油产量下降了1/3，钢产量降低到不足中国的 1/6，制造业不断'空洞化'。越来越多的人从实体资本中脱离出来，从事虚拟资本经营，依靠剪息票、搞投机生活，不劳而获的寄生人数迅速增长。"① 30 年前，福特、波音等美国制造企业是经济的龙头，现在是 APPLE、微软、Facebook 等企业，这说明美国的经济结构已改变，其 GDP 贡献者主要来源于以金融为核心的服务业，服务业贡献的 GDP 能够占到 80%，而制造业仅仅占到一小部分。1894 年美国工业总产值超过英国，所以一般认为美国从 1894 年开始就成为世界第一大经济体，但工业并不等于全部的 GDP，美国目前的 GDP 仍然位居世界第一，但从美国 GDP 三大产业占比来看，80% 以上是由以服务业为主的第三产业贡献的。

产业空心化使美国传统工业区的一些城市走向衰落，最为典型的是五大湖区的工业城市，如匹茨堡、芝加哥、底特律等一度繁荣发达的城市早已风光不再。

在中国，东北地区经济和城市的发展也面临相似的问题。中国从 1953 开始了第一个五年计划，一大批工业在东北落户，东北成为中华人民共和国的工业摇篮。"一五"计划时期（1953—1957 年），中央将苏联援助的 156 个重点项目中的 58 个放在东北。之后一直到 90 年代，东北都是中国最重要的工业基地。1978 年，辽宁的 GDP 是 229.2 亿元，广东的是 185.85 亿元，黑龙江的是 174.8 亿元，吉林的是 81.98 亿元，东北三省是广东的 2.6 倍；到了 2017 年，广东的 GDP 是 89789 亿元，辽宁的是 23942 亿元，黑龙江的是 16200 亿元，吉林的是 15289 亿元，东北三省加起来也只有广东的 61.7%。1978 年全国经济总量前十的城市中，东北一度占了四席，但到 2000 年前后就一个都没有了。2017 年，低于全国增速水平的 8 个省及地区中，东北三省均在其列，其中，辽宁省经济增速 2.1%，为全国最低水平。②

---

① 摘自黄煦凯："虚拟经济成为西方国家经济主导和支配力量"，《求是》2012 年第 8 期。
② 摘自《2018 中国统计年鉴》，中国统计出版社 2018 年版，第 128 页。

近年来，中国的传统工业如煤炭、石油、机械产业已经饱和，开始逐步转向发展一些高附加值的工业，如电子工业、精密仪器制造业、品牌制造业等，这些主要集中在南方等开放较早和市场经济发达地区。东北地区对第二产业的依赖程度依旧很高，辽宁、吉林、黑龙江 2015 年第二产业占 GDP 的比重分别为 45.49%、49.82% 和 31.81%，前两个地区远高于 40.93% 的全国水平。2015 年东三省第三产业 GDP 贡献率分别为 46.19%、38.83%、50.73%，均值显著低于 50.19% 的全国平均水平。① 同时，东北地区还面临资源枯竭的问题，大庆油田产量逐年下降，可采储量已经告急，黑龙江四大煤炭基地鸡西、鹤岗、双鸭山和七台河以及辽宁省的阜新、抚顺、本溪、北票等城市中，已有相当一部分矿井因资源开采殆尽而被迫关闭。许多新兴产业，如软件、互联网、人工智能等大都集中在南方等开放较早和市场经济发达地区，东北三省因此也缺乏新兴产业的发展支持。可见，东北城市相对单一化的经济结构，使得它在遇到市场变化时缺乏很好的"预适应"能力，经济和城市因此而发展缓慢。

四、美国的城市问题

第二次工业革命时期，全球经济的主导产业是以石油为代表的能源、化工、钢铁、汽车等工业，美国因此迎来了工业化和城市化的大发展时代，当时居市值前列的公司多为钢铁、石油的企业。1917 年，美国最高市值的公司依次为美国钢铁公司、AT&T 电讯公司、标准石油公司。之后，基础工业革命的传统产业企业开始逐渐被更先进的电气工业企业淘汰，电气工业企业又被更先进的科技互联网企业所取代。1967 年，作为纯高科技类的 IBM 第一次以 2588 亿美元市值夺取了当时的最

---

① 摘自《2016 中国统计年鉴》，中国统计出版社 2016 年版，第 202 页。

高市值，高科技公司的地位开始不断上升。当时全球市值前十的公司除了通用电气、微软外，都是石油公司、银行、电信公司，而现在基本上是科技互联网公司，埃克森美孚公司只能勉强位居第十位，而唯一的金融业公司巴菲特的伯克希尔哈撒韦现在的主要持股也是苹果公司了。

美国的工业实力在20世纪一直非常强大，二战时期美国占世界工业生产的38.7%，苏联占世界工业生产的17.6%，德国占世界工业生产的13.2%，英国占世界工业生产的9.2%，法国占世界工业生产的4.5%，中国占世界工业生产的0.3%。可见，美国早在半个世纪以前就稳居世界工业化老大的宝座。可以想见，拥有如此工业实力的美国很难不成为当今世界的霸主。

在美国，北美内陆的五大湖区是其经济重镇。美加两国政府1959年对该区水道最后一次扩建完工，全线通航里程达3700公里，最高海拔达180米，从大西洋到达最西端的苏比利尔湖可以通航3万吨级轮船。大西洋上80%的远洋海轮可以直达五大湖区，五大湖区城市群因此成为美国最大的钢铁生产中心（匹斯堡）和汽车制造中心（底特律）以及美国第三大经济中心（芝加哥），其中底特律被誉为"世界汽车之都"。美国两大汽车巨头通用、福特的总部均设于此，因此早在100年前底特律就是汽车工业的代名词，也曾是美国最大的城市之一，美国第一条高速公路就出现在这里。底特律的汽车产量最高时曾占全美汽车总产量的85%左右，早在1896年，福特公司就在这里制造出美国第一辆汽车。1904年，T型福特汽车推出，开启了美国全民汽车新时代。20世纪60年代初底特律进入全盛期，是全球最大的汽车制造中心，人口达180多万。通用一家公司在此就有35家工厂，汽车制造工厂也使在那里上班的工人群体成为庞大的中产阶级。然而在1980年之后，由于造船技术的的突飞猛进，船舶大型化发展趋势加快，世界航运市场发生了巨大变革，5万吨级以上的海轮被广泛采用，导致进入五大湖区的远洋轮船数量急剧减少，严重削弱了该地区的钢铁和汽车等制造业竞争力，底特律也因此衰落了。

20世纪70年代的石油危机让底特律汽车业又遭受重创，高油耗的美国车遭遇了相对节能的日系车的挑战，运营成本和劳动力成本更为低廉的日本车不断瓜分着美国的市场份额。美国汽车业的竞争力不断下降，在全球的份额也日益下滑。底特律的汽车业无法与日本汽车业竞争，随着汽车工业生产基地的迁移，大量工作岗位蒸发。高素质人口的流失让治安恶化，犯罪率在美国城市中一直居于前列。高犯罪率又让更多的居民离开底特律，从而促使房价下跌。房价下跌又意味着许多居民停止支付房产税，这让城市的财政受到进一步打击。由于高失业率、高犯罪率、财政危机，2012年《福布斯》杂志将底特律评为"美国最悲惨的城市"。底特律的盛极而衰标志着美国传统工业一个辉煌时代的结束。进入21世纪，严重依赖汽车业的底特律又遭受了金融危机的冲击，使美国汽车企业不断裁员，底特律人口不断外迁。如今的底特律，人口在70万左右徘徊，从过去的第四大城市落为第18位，城区1/3以上的人口生活在贫困线以下，失业率居高不下。

除人口大量外流、人才素质下降外，底特律的衰落就在于产业过分单一，缺少产业发展规划。底特律的汽车工业产值占当地生产额（GDP）的80%。这样的经济结构经不起市场变化的冲击，汽车销量下滑时，抵御危机的能力很差。产业单一造成政府财政收入来源单一，风险极大，当所倚重的产业景气时，财政收入直线上升，而产业一旦遇到困难，财政受到的打击也会格外大。新形势下，设计、研发、销售要占据巨大的利润，底特律汽车制造业却不能与时俱进，最终导致了汽车之都的衰败。底特律申请破产（2013年7月）5个月后，2013年12月3日美国联邦破产法官罗兹做出裁决：底特律市符合联邦破产法第9章的相关规定，符合申请破产保护的资格。又过了11个月，美国联邦法官于2014年11月7日对其破产退出计划做出许可裁决。这项裁决的出台，使得美国历史上规模最大的城市破产案宣告落幕，汽车城也成为美国历史上规模最大的破产城市。

底特律的遭遇是美国产业结构单一的传统工业城市衰落的缩影，而奥克兰、洛杉矶、菲尼克斯、奥斯汀、休斯顿、亚特兰大和匹兹堡等城市都有相似的问题，只是程度不同而已。

美国第三大城市芝加哥曾靠钢铁行业、制造业起家，20世纪70年代，钢铁行业不景气，制造业企业外迁，芝加哥就不断遭遇挑战。近年来，芝加哥面临着政府财政入不敷出、巨额赤字难以化解的压力。在从2002年开始的10年间，芝加哥大举借债，公债借款增加了84%，这使每个芝加哥居民负担的债务增加了1300美元。长期的结构性预算赤字和庞大的养老金负担到2016年底总计已达到3576亿美元，这降低了城市的一般债务信用评级，提高了借贷成本。尽管在过去的5年内芝加哥市的年收入增长均值为5%，但其还是被国际三大评级机构之一的穆迪投资者服务机构下调债务评级为"垃圾"级。

美国俄亥俄州的克利夫兰市曾经是美国的交通中心和钢铁制造业基地，20世纪50年代曾拥有多达90余万人口，但制造业遇到瓶颈之后经济停滞不前，城市随之逐渐衰落。

匹兹堡位于宾夕法尼亚州西南部的五大湖区，在19世纪中期成为美国钢铁工业中心，也是全球领先的制造业中心，被誉为美国的"钢都"，卡内基钢铁公司总部就设在匹兹堡。20世纪70年代，随着钢铁需求下滑以及日本、韩国钢铁行业崛起，匹兹堡钢铁产能过剩，钢铁企业开始大规模裁员，城市陷入衰退。

布法罗位于纽约州西部。得益于利用尼亚加拉瀑布水力发电，布法罗在20世纪初吸引了多家钢铁企业，同其他老工业城市一样，其也经历了工厂倒闭带来的长达半个世纪的衰落。

经济衰退给美国城市带来一系列社会问题。

首先是失业问题。美国的高失业率是其自身经济危机产生的自然后果。因为危机爆发，企业融资渠道变窄，利息升高，银行不愿意放出贷款,企业经营困难,利润下滑,大量裁员,消费不振,规模收缩。多年来,美国的失业率一直居高不下。特朗普竞选总统时承诺:振兴制造业,增加就业岗位,这也是他获得大部分人支持的重要因素之一。特朗普上台后,也采取了一些措施,使得就业率有所提高,短期内看取得了一些效果,但其进行的贸易战是否反噬美国、就业率是否再一次大下降,尚不得而知。

其次是贫富差距问题。财富集中在少数人的手中,中产阶级、底层群众很难通过自身的努力获得更多的财富,想进入上层阶级很难。2011年的"占领华尔街运动"很大程度上就是贫富差距、社会不公平引起的。联合国人权理事会第三十八次会议期间,联合国人权理事会极端贫困与人权问题特别报告员菲利普·阿尔斯顿就美国贫困和不平等状况发言时指出,极端贫困和极端不平等的结合造成了对美国社会弱势群体甚至普通大众人权的践踏,美国总统特朗普上台后提出的政策将导致美国存在的根深蒂固的贫困问题变得更加严重。阿尔斯顿提交的关于美国极端贫困和人权问题的审查报告称,"美国的贫困和社会不平等问题比通常人们想象中更为严重,而且还有进一步恶化的趋势"。"据统计,当今美国约有 4000 万贫困人口,其中 1850 万人处于'极端贫困'状态。统计显示,美国最富裕的 1% 的人群所占有的社会财富持续增加,2016 年占有美国 38.6% 的财富,而占总人口 90% 的大众所拥有的财富和收入水平在过去 25 年里总体呈下降趋势。最新官方统计数据显示,占劳动力 80% 的生产和非管理岗位工人时薪较 2017 年有所下降。很多新增就业岗位提供的工资很难维持生计,且缺乏医疗保障。"① 近十几年来,美国民众遭受了收入严重下降的窘况,2015 年美国家庭收入中位数甚至低于 1999 年的水平。与普通民众收入下降相伴随的却是富人收入的快速增加。事实上,从 20 世纪 80 年代开始,美国就进入贫富差距扩大

---

① 引自"美国贫困和社会不平等问题比想象中严重",《人民日报》2018 年 6 月 23 日。

的轨道。2008年国际金融危机后，收入不平等现象更是急速加剧。"从1980年到2015年，美国收入最低的20%底层家庭总收入占全部家庭总收入的比重从4.2%降至3.1%，收入最高的5%富裕家庭总收入占比则从16.5%飙升至22.1%，占家庭总数80%的中下层家庭总收入占比从55.9%下跌至48.8%。2015年，美国收入最高的5%富裕家庭总收入为2.2万亿美元，是美国收入最低的20%底层家庭总收入的7倍。"[1]

第三是上述两个原因引发的治安问题。根据联合国毒品与犯罪问题办公室近些年的报告，美国是世界上高犯罪率前十大国家，人口占世界不足5%的美国，有着世界最高的监禁率。而且，当前美国治安状况呈继续恶化的趋势。联邦调查局针对2016年全美犯罪率的初步统计报告显示，犯罪率同比增加了5.3%，涉枪案件更是不断增长。据美国枪支暴力档案网站统计，2016年全年是58125起。这些乱象的发生很大程度上与城市的经济状况有关。美国的警察主要靠地方政府财政养活，而政府财政主要来源于税收。于是，富裕的城市、社区才能雇得起更多警察，警察出警速度也更快，治安环境相对安全，进而吸引更多富裕住户，收到更多的税。反之，贫穷的城市、社区不得不陷入恶性循环。美国一些已经破产的城市，比如有着全美"最悲惨城市"之称的底特律，甚至雇不起警察和消防人员。以下是2017年美国犯罪率最高的10个城市，它们的情况大多与产业萧条、经济衰退有关。

1. 弗林特，每1000人的暴力犯罪比例：23.4；2017年谋杀案数字：52；失业率：18.9%。弗林特位于美国中部的密歇根州，是全州第七大城市，市区人口10.24万，总人口42.6万。弗林特曾是美国最重要的汽车中心之一，与底特律齐名，是通用汽车公司的发源地。然而随着美国汽车业的优势不再，弗林特也随之衰落，人均收入仅为15733美元，全市约22.9%的家庭和26.4%的人口生活在贫困线以下，失业和

---

[1] 引自"美国贫富差距缘何越来越大"，《人民日报》2017年1月15日。

贫困将这里变成犯罪之都。

2. 底特律，每 1000 人的暴力犯罪比例：21.4；2017 年谋杀案数字：344；失业率：19.9%。底特律是密歇根州最大的城市，被称为"汽车之都"，但其的衰落更为严重，政府一度宣布破产。底特律与弗林特的暴力犯罪比例和失业率相差无几，但在谋杀案的数量上却远超后者。一年 344 起谋杀案，意味着几乎每天都有杀人案发生，实在可怕。

3. 圣路易斯，每 1000 人的暴力犯罪比例：18.6；2017 年谋杀案数字：113；失业率：11.7%。圣路易斯地处美国中心，紧邻密西西比河，是美国最重要的交通枢纽之一。这里市区的人口下降、经济衰落，也随之带来了犯罪率，其位居美国治安最差城市第三名。

4. 奥克兰，每 1000 人的暴力犯罪比例：16.8；2017 年谋杀案数字：104；失业率：15.6%。奥克兰是加州第八大城市，与旧金山市隔海相望，然而一边是世界上的科技重镇，一边却是美国犯罪率最高的地区之一。

5. 密尔沃基，每 1000 人的暴力犯罪比例：15.9；2017 年谋杀案数字：145；失业率：6.7%。密尔沃基是威斯康星州的最大城市，全市人口 59.9 万人。密尔沃基是美国的重型机械制造中心，酿酒业更是闻名全国，全市经济产值占威斯康星州的 45% 以上，然而贫困率依旧高达 29.4%。

6. 孟菲斯，每 1000 人的暴力犯罪比例：15.8；2017 年谋杀案数字：117；失业率：11.1%。

7. 小石城，每 1000 人的暴力犯罪比例：14.9；2017 年谋杀案数字：37；失业率：7.2%。小石城是美国阿肯色州的首府和最大城市。阿肯色州是美国最穷的州之一，有 19.5% 的人口生活在贫困线之下，整个州的治安都不好。

8. 伯明翰，每 1000 人的暴力犯罪比例：14.8；2017 年谋杀案数字：54；失业率：10.9%。伯明翰是美国阿拉巴马州的第一大城市，市区人口 25.09 万人。人均收入远低于美国的平均水平，贫困率达 19%。23% 的居民买不起食物，14.3% 的居民没有医疗保险。

9. 亚特兰大，每1000人的暴力犯罪比例：14.3；2017年谋杀案数字：88；失业率：12.1%。亚特兰大是美国富豪最多的城市之一，全市人口50多万，种族矛盾尖锐。

10. 巴尔的摩，每1000人的暴力犯罪比例：14.2；2017年谋杀案数字：196；失业率：10.5%。巴尔的摩是美国马里兰州最大的城市，全市人口217.4万。与小石城和伯明翰相同，巴尔的摩也因整个州的大环境而登上美国治安最差城市排名。[①]

第三节 体制转型带来的城市危机

一、体制转型的阵痛

有一些国家则面临体制转型不顺所带来的经济和城市发展问题，俄罗斯近年来的情况就十分具有典型性。

优先发展重工业曾是苏联社会主义工业化的方针。这一方针的确定，不仅对苏联，而且对其他一些国家也产生过深远的影响。十月革命前，俄国是一个落后的农业国，工业产品只占国家全部产品的1/3，农业产品则占国家全部产品的2/3。1914年，沙俄的工业产品只占世界工业产量的2.46%，如果按人口平均计算，当时俄国的工业产品产量与西班牙不相上下。俄国不仅在经济技术上依赖于工业发达的资本主义国家，而且要从国外输入大量的机械设备等。第一次世界大战和十月革命后接踵而来的外国武装干涉及国内反革命叛乱，使其落后的国民经济濒于崩溃的边缘。外国武装干涉和国内反革命叛乱给苏维埃国民经济带来

---

① 摘自 https://en.m.wikipedia.org/wiki/List_of_countries_by_intentional_homicide_rate。

的损失高达390亿金卢布，超过战前整个国家财富的1/4。1920年，工业产品只有战前的14%，农业状况更加严重，其产量只及战前的60%。经济遭到严重破坏，直接影响了人民群众的生活。工厂停产和粮食奇缺引起了失业和饥荒，1920—1921年，全国约有3300万人面临饥饿和死亡。苏维埃俄国党和政府所面临的首要任务，就是恢复被破坏了的国民经济。恢复国民经济需要实现工业化和农业机械化，而俄国却是一个资本主义发展缓慢的农业国，工业非常落后，直到1928年其重工业也仅及轻工业的一半，而农业在国民经济中的比重仍然大于工业。当时苏维埃国家只有迅速地在国民经济中建立起社会主义的物质技术基础，才能从落后的状态走上工业现代化的轨道。

苏联在社会主义工业化中坚持优先发展重工业的方针，还与其所处的国际环境有密切关系。只有迅速地建立起强大的重工业，其才能够在敌对的资本主义包围之中保持自己独立自主的发展。1925年12月，苏联共产党第十四次代表大会批准了党进行社会主义工业化建设的方针。苏联党和政府明确规定：社会主义工业化建设从重工业开始，从发展重工业的核心，即机器制造业开始。第一个五年计划，工业中重工业与轻工业的发展速度之比为1.85∶1，即重工业增长241%，轻工业则增长130%，以后尽管在实施过程中遇到种种困难和阻力，产生了各种错误和问题，但以优先发展重工业为方针的社会主义工业化还是取得了可喜的成果。工业化开始的头两年，工业中的社会主义部分，从1924—1925年的81%增长到1926—1927年的86%。第一个五年计划执行到1932年，苏联工业总产值同1913年相比增加近两倍，工业产量在整个国民经济中的比重由五年计划初的48%增加到1932年的70%，制造生产资料的工业比重从1928年的43%上升到1932年的53.3%。同资本主义国家相比，就工业发展速度来讲，苏联已占世界第一位；就工业产量来说，苏联已上升到世界第二位。第二个五年计划同样取得了很大成绩。到1937年，工业总产值比1932年增加了1.2倍，比1913年几乎增加了五倍，重工业在全部工业中占 57.8%。与资本主义世界相比，1937 年资本主义世界工业产量比 1913 年增长 44.3%，而苏联在同一时期则增长了 7.5 倍，比资本主义世界的发展速度快了 14.3 倍。1940 年，苏联的生铁已达到 1500 万吨，钢达到 1830 万吨，煤达到 1.6 亿吨，石油达到 3100 万吨，商品谷物达到 3830 万吨，棉花则为 270 万吨。①

这一时期苏联主要坚持重工业优先发展的方针，农业和轻工业总体上为重工业服务，但过分强调发展重工业，在实践中导致轻工业与重工业的比例严重失调。在重工业内部，首先安排的是为重工业服务的生产资料的生产，未能注意和保证为轻工业服务的生产资料的生产，直接影响了轻工业的发展。从重工业开始的苏联社会主义工业化是高速并靠内部积累资金完成的，重工业的过度发展虽然为苏联提供了坚实的战争物质基础和大批尖端科技人才，但影响了苏联工业化的健康发展。

俄罗斯在苏联时期优先发展重工业，但并不是一般意义上的优先发展重工业，而是特殊意义上的长期片面高速优先发展重工业。走这条道路，尽管已经取得重大成就，但同时也产生了严重后果。这体现在：重工业的长期高速增长导致经济比例关系严重失衡；经济总量和经济结构的严重失衡导致经济周期的强烈波动；长期片面高速发展重工业导致粗放经济增长方式的普遍化；粗放经济增长方式的普遍化导致经济效益低下；长期的粗放经济增长方式使生态遭受严重破坏；长期片面高速优先发展重工业造成城乡差别的扩大。

这种长时间形成的旧体制的惯性使得俄罗斯经济转型并不成功。转型后的俄罗斯经济建设一直以来仍以重工业为主，忽视轻工业和第三产业的发展。俄罗斯拥有世界上最大储量的矿产和能源资源，石油接近 100 亿吨，是标准的石油大国，天然气储量位居世界第一，占比接近 30%，而且其他资源也非常丰富。俄罗斯是世界上少有的几个资源能够

---

① 摘自［苏］萨姆索诺夫著，北京大学俄语系译：《苏联简史》，三联书店 1977 年版，第 168 页。

自给的国家之一,也是世界上最大的石油和天然气输出国。作为能源大国,俄罗斯经济对能源的依赖性与日俱增,在其工业结构中,六成以上是与能源原材料相关的行业,制造业只占工业总量的32.8%。俄罗斯每年售卖石油和天然气的收入占到其政府财政的一半以上,进入21世纪以后,伴随着国际油价十年的大牛市,整个国家经济对能源出口的依赖更加明显。随着石油价格上涨,俄罗斯经济总量步入世界前列,后来又加入八国集团,进入发达经济体,俄罗斯从苏联时期的重化工业国蜕变为一个依靠油气等资源出口的资源型国家。正是由于过分倚重能源出口,在其他产品方面缺乏竞争力,所以俄罗斯为了提高财政收入,只能进一步加大出口。然而,能源市场仍然由欧美等国掌控,自2014年乌克兰危机之后,美国及欧盟对俄罗斯展开了一系列制裁,当时俄罗斯石油出口量约700万桶/天,由于当年6月油价出现断崖式下跌,其获得的石油出口收入直接减少了1.9亿美元/天。2014年开始的原油价格大跌使俄罗斯元气大伤,再加上西方制裁、卢布贬值、通货膨胀加速,其经济出现大幅缩水。

从2014年11月到2016年6月,俄罗斯的经济一直处于负增长状态,GDP从20790亿美元跌至12907.31亿美元。其原因主要是,经济结构不合理性,国民经济结构相对单一化,第一产业和第三产业的产值远低于第二产业,而在第二产业中也存在不合理,重工业发达,轻工业发展缓慢,民用工业落后。2015年,俄罗斯国内生产总值(GDP)增速为 -3.7%;通货膨胀率为13%,2016年1月达15%;人均工资为3.3万卢布(约合2800元人民币),在史上首次低于中国。2016年,俄罗斯GDP增长率为 -0.2%,这个数字已经好于预期。2017年,俄罗斯GDP增长率为1.4%,约等于中国一个省的水平。俄罗斯的贫困标准是月收入低于9662卢布(约合840元人民币)。①

---

① 摘自《2018国际统计年鉴》,中国统计出版社2018年版,第313页。

这种状况源于长期以来俄罗斯经济结构的严重不合理，其单一依赖重工业出口拉高整体经济，出口贸易占 GDP 的 20% 以上，能源矿产资源占据出口贸易 60% 以上的份额，而机电产品占比仅为个位数。人口数量下滑严重，也拖了俄罗斯经济增长的后腿，出生率低、人口老龄化等问题使其劳动力市场缺乏新生血液，这在一定程度上导致俄经济减少了几个百分点。普京从 2008 年即开始进行经济改革，制定了从单一资源粗放型经济转向复合型创新经济发展策略。俄罗斯正在努力从新技术、新市场以及先进服务中增加收入，使自己不受石油和天然气市场单一化的影响，但目前仍未能摆脱能源型的经济发展模式。

二、俄罗斯西伯利亚和远东城市的衰落

当今的俄罗斯拥有 1709.8 万平方公里的国土面积，是世界上面积最大的国家，目前有 1.4 亿人口，但人口分布不均。俄罗斯在乌拉尔山脉以西的欧洲部分有 1.15 亿人，乌拉尔山以东 1250 万平方公里的巨大区域却只有不到 2500 万人。[①]

苏联解体后，俄罗斯继承了苏联的领土，继续对远东地区发挥影响，但出生率的降低导致其人口越来越少，广袤的西伯利亚和远东已经没有多余的人来发展了，再加上远东地区的人不断流向欧洲，西伯利亚和远东不但出现大片被废弃的土地，更是出现大量被遗弃的城市。计划经济时代西伯利亚和远东的一座座人造城市经不住体制变化带来的影响，都迅速衰落了。

这些被遗弃的城市包括：楚科奇州的小城共青城，1998 年废弃；亚马尔涅涅茨自治区的小城奴姆基，2001 年废弃；西伯利亚南部克拉

---

① 摘自《2018 国际统计年鉴》，中国统计出版社 2018 年版，第 315 页。

斯诺雅尔斯克州的阿雷克里，2002年废弃；马加丹州的小城谢姆昌，废弃于2001年；卡德昌，2003年4月4日正式废弃；彼尔姆州的小城上古巴哈、卢切伊汉、格列米哈——俄罗斯的核潜艇基地等，2000年废弃。

俄罗斯的西伯利亚和远东如今成了世界上最大的工业城市废墟区域。它有1200万平方公里，从南到北跨越20个纬度，从东到西跨越9个时区，从乌拉尔山向东一直到楚科奇半岛绵延上万公里。苏联解体后，人们争先恐后地向富裕的西部涌去，当俄罗斯人涌向欧洲，当乌克兰、波罗的海、高加索、中亚的移民返回西欧、北欧、高加索、中亚老家，一座座城市也就慢慢变成空城。这里的工厂和居民区残破不堪，没有运走的设备都被杂乱无章地丢弃了。城市的学校、商店、运动场、博物馆都被废弃，一座座城市如同死城。

对横跨欧亚的俄罗斯而言，西伯利亚铁路长期以来就是俄远东地区经济发展、政治稳定的大动脉，但西伯利亚铁路的年久失修已成为难以弥补的致命缺陷。普京在第三个总统任期中虽明确表示要为西伯利亚大铁路提速到"每小时100公里"，但据俄新网2017年4月的报道显示，西伯利亚铁路现代化改造的完成时间被推迟到2019年，工程进度严重滞后。

另外，俄罗斯远东地区政府机关的作风仍然停留在苏联时代，行政效率极端低下、思维落后，外来产品和投资也就不愿进入远东地区。吸引不到优质投资的远东地区只得依靠国家财政的支持，成为俄罗斯不折不扣的"负担"。此外，还存在劳动力不足、经济结构不合理、创新能力弱、基础设施建设成本高等问题，这些因素进一步加剧了西伯利亚和远东城市的衰落。

第四节 后起工业化国家面临的城市发展问题

一、后起工业化国家面临的国内外环境

从15世纪开始，推崇市场开拓和技术进步的"资本主义精神"超越意识形态、宗教信仰、语言文化和民族的隔阂而创造了现代工业文明，并改变了世界。二次世界大战后的半个世纪里，美国不但重建了欧洲和日本，带动了很多发展中国家的经济，还把这些国家从经济上捆绑在一起。

20世纪50年代后期，特别是进入60年代以后，在新的国际政治经济形势下，一些经济落后的国家和地区有了迅速发展。尽管这些国家在经济上与发达的工业国相比仍存在很大差距，但亚洲"四小龙"的腾飞、拉丁美洲的"经济奇迹"使广大亚非拉国家看到了经济发展的希望。发展中国家的诞生是20世纪人类发展与社会进步进程中最重大的历史事件之一，它标志着自有人类历史以来，世界上最众多的国家、最广泛的人口开始将谋求经济发展、社会进步、国民富裕作为自己的努力方向和奋斗目标。经过近半个世纪的不懈努力，除了少数最不发达国家外，大多数发展中国家的状况都发生了明显的变化。世界银行1999/2000年世界发展报告的主题是"迈进21世纪"。在对发展中国家既往的发展实践进行总结时，《报告》指出："近几十年的发展情况表明，发展是可能的，但同时它既不是必然发生的，也不是轻而易举的，成功的经验已经足以让我们对未来充满信心。"

在经济全球化的背景下，国际产业发展的显著变化之一是产业分工方式的改变，即以跨国公司为主导的产业链纵向分工方式的形成和高度细分化，以及由此推动的新一轮产业的国家间转移。当前，由欧美澳日

组成的发达国家集团正受到以中国为主的发展中国家制造业的全面冲击。中国产业的全面性致使其同几乎所有发达国家都有竞争。

中国在高科技领域已经有了长足发展，阿里云、腾讯云、百度云、华为云等互联网应用的规模已领先欧洲和日本；液晶面板，全球只有日韩和中国大陆、台湾地区四家；智能手机和平板电脑，中国、美国和韩国三家垄断了世界市场，2017年中国手机品牌世界份额预计合计超过50%；造船业，世界三强是中国、日本、韩国，中国份额排在第一；通讯设备产业，华为、中兴在技术水平、产值和利润上都属世界前列；民用无人机领域，大疆公司在技术和产值利润上都是世界第一；海洋工程装备，全球市场被中国、韩国、新加坡三强把持，中国占全球份额的35%，位居世界第一。除了高技术制造业，中国在技术要求相对低端的服装、五金、家具、水泥、钢铁、玻璃、纺织等产业也占据了世界市场的很大份额，中国工业的全面性使中国工业产值在2010年就超过美国成为世界第一。

正因为上述情况，欧美为摆脱经济衰退而开始进行"再工业化"，并对中国的工业强国战略提出挑战，因而中国制造业的竞争力可能大幅度削弱。首先，改革开放以来，劳动力成本低曾是中国的优势，是中国制造业产品在国际上有竞争力的关键，然而如今中国劳动力成本正在不断提高，其竞争力和以越南为代表的东南亚国家相比在不断下降。中国制造业如果没有了劳动力成本优势，转型升级将成为"中国制造"的唯一选择。其次，中国出口制造业可能会受到巨大冲击。发达国家为了"去工业化"，曾将大量制造生产环节外包到中国沿海地区企业，但新技术改造后的生产方式对人工成本要素的需求降低，为美国"再工业化"创造了条件，而新技术革命也提高了生产效率，促使传统制造业回流美国，进而对中国的出口制造业形成巨大冲击。第三，发达国家作为新一轮产业全球分工体系中的控制者，依然控制着制造业，仍处于价值链高端，而且通过关键技术、产业标准、产品标准等控制了产业的价值链和制造业的供应链。由此可见，我们与发达国家在创新竞争力方面还是有差距的。

中国开启工业化时间晚，发展起点低，又面临赶超发达国家的任务。我们曾经不仅以资本高投入支持经济高速增长，而且以资源高消费、环境高代价换取经济繁荣，这可谓重视近利，失之远谋。重视经济、忽视生态的短期性经济行为也为中国生态环境带来长期性、积累性的不良后果。同时，中国还面临两方面新的问题：一方面是国际上的"贸易壁垒"，由于中国目前的环境标准普遍低于发达国家的标准，中国的食品、机电、纺织、皮革、玩具、鞋业等行业的产品将在出口贸易中受到限制；另一方面，由于国际市场对中国的矿产、石材、药用植物、农产品、畜牧产品的需求较大，中国生态、环境和自然资源的破坏可能会加重。

中国面临着发展与环境、能源与可持续发展的多方面矛盾，所以应该认识到我们仍是发展中国家，由于人口多、人均资源不足以及长期粗放经营，我们必须在收入水平较低、工业化任务尚未完成的情况下，下大力气解决发达国家在完成工业化后的高收入阶段才面临的问题。

二、后起工业化国家城市发展问题的复杂性

中国是一个典型的初步完成工业化的后起国家，用40年的时间走过了西方用300多年才走过的道路。在国际分工的形成过程中，中国凭借市场需求巨大、低成本生产要素、产业基础健全等优势获得了有利地位，初步确立了在全球产业分工中的重要地位。

同时，中国也遇到了西方工业化过程中出现的各种问题——腐败、环境污染、资产泡沫、收入差距扩大等，而且中国还要建立健全社会保障体系、完成城市化进程、建立现代法制体系，所以对中国这样的后起工业化国家而言，城市发展问题是比较复杂的。

对中国来说，首当其冲的问题就是环境问题。改革开放以来，中国经济虽然取得了举世瞩目的成就，但由于长期处于高投入、高消耗、低效益的粗放型运行模式，中国单位产值所消耗的资源比发达国家甚至一些发展中国家要高得多。传统经济增长方式是以生产需求扩张和高投入、高消耗、高污染支撑的经济增长结构模式，这首先导致了经济结构的失衡，形成了缺乏竞争力和开拓市场能力的生产体系。这一过程对社会资金与资源的大量消耗和浪费，也导致了资源短缺、生态环境恶化的双重危机。传统的经济排斥市场机制，未把环境资源纳入市场，视环境为一种取之不尽、用之不竭的资源，用牺牲环境作为换取经济增长的代价，企业单纯追求产值或产量，却无需核计成本和环境资源的消耗，从而导致资源退化和环境严重污染。环境质量的好坏，地方政府是责任主体，但相关法律却没有明确规定政府部门应如何履行其责任以及应怎样保证其履行责任，更无明确规定若不履行相应职责应承担什么责任。

可以说，环境灾难是自然环境对人类无视自然规律、盲目发展的最直接报复，今天遍布全中国人口密集区域的大范围、长时间的污染天气就说明传统的经济发展和城市发展模式已经到了需要彻底反思的时候。由于我国自然生态与环境的先天脆弱性和地区发展的不平衡，加之人口过度增长、发展模式和某些政策不当，特别是又进入了经济高速发展阶段，我国生态环境遭受了严重破坏，生态与环境问题在短期内集中爆发出来。我国生态与环境科技相对落后，使得生态与环境的总体状况并未根本改变，目前仍处于局部改善、整体不足的发展态势。而且，我国生态与环境也面临新一轮社会、经济发展的压力和挑战，主要表现在人口、经济增长对生态与环境压力不断加大。城镇化和工业化将增加城市生态与环境压力，导致新一轮环境污染。全球气候变化也将加剧我国生态与环境的恶化，对社会经济产生严重影响。

中国环境问题的严重性在于：一方面，陈旧的经济增长方式对能源、资源的巨大需求，使得我国严重污染的趋势在较长时期内难以改变；另一方面，地方保护主义、资金投入不足、治污工程建设滞后、结构性污染依然突出等多种原因，使得治理污染的速度赶不上环境破坏的速度。我国的污染已呈现出复合型特点，发达国家在工业化中后期出现的污染公害已在我国普遍出现，我国已没有继续支持目前经济增长方式的环境容量。保护环境，减轻环境污染，遏制生态恶化趋势，已成为政府社会管理的重要任务。

保护环境是我国的一项基本国策，解决全国突出的环境问题，促进经济、社会与环境协调发展和实施可持续发展战略，是政府面临的重要而又艰巨的任务。要改变企业高耗能、低效率的经济发展模式，必须实施清洁生产，加快新型工业化的进程。清洁生产是循环经济发展的一个切入点，是通过对企业生产全过程的控制，从源头上减少甚至消除污染物的产生和排放，它是工业污染防治的最佳模式，也是实现企业经济效益和环境效益的最佳方式，对实施可持续发展战略具有重要意义。

再有，长期以来，一些地方政府仍是重经济发展、重速度、重规模、重眼前，轻资源环保、轻效益、轻创新、轻长远，急功近利，导致环境与经济综合决策失误、行政不作为和行政干预环境执法等现象长期存在。环保部门也未完全解决地方保护主义的干扰问题，一些地方片面强调营造企业的发展氛围。有的对工业园区、重点企业实行封闭式管理以逃避检查；有的在进行决策时，环境信息不透明，忽视公民的知情权、参与权；有的对环境违法行为行政不作为。一些地方政府以牺牲环境换取经济发展，片面追求GDP，不履行保护环境责任或履责不到位，这些已经成为制约环境保护的重要原因。

政府管理本应遵循价值规律，把环境作为一种资源，将生产和消费都推向市场，以市场为导向，发挥市场的巨大潜力，使企业在竞争中求生存、求发展，从而达到资源的最佳配置，即以最小的投入获取最大的产出。在这种机制的转变过程中，政府的干预职能尤为重要，政府应对环境保护发挥积极的作用。

三、中国的城市发展以及存在的问题

中华人民共和国是建立在农业国基础上的，1949 年中国工业净产值仅为 45 亿元，所占比重只有 12.6%。经过改革开放 40 多年的发展，中国近 14 亿人口已同时进入工业化阶段。当今世界 60 亿人口中，主要工业国人口约为 7 亿，所占比例不足 12%，而中国作为一个占世界 21% 人口的高度统一的集体进入工业化的高速增长阶段，这是人类历史上从未发生过的现象，所以必然会经历许多人类发展史上从未有过的挑战。

中华人民共和国的工业化进程始于 1953 年开始执行的国民经济发展第一个五年计划，中国并未沿用其他国家通常采用的轻纺工业起步的工业化道路，而是学习苏联的发展模式，采取了重工业起步的超常规道路，实行"优先发展重工业"的战略。为了尽快实现"赶英超美"的目标，中国采取了比苏联更强的强制性积累，建立了高度集中的计划管理体制，并延伸到整个经济系统。为保证能够通过高积累的方式集中大量建设资金，中国创建了大量国有企业，以进行大规模的重工业投资和建设。1952 年至 1965 年，重工业总产值年均增长 15.5 个百分点，高于轻工业年均增长率 5.5 个百分点，重工业在工业总产值的比重也迅速由35.5% 提高到 48.4%。1953 年到 1980 年，全国基本建设投资中，工业投资占 54%，而工业投资中重工业投资所占比重高达 89%，主要投资于电力、煤炭、冶金、化学、机械等行业。缺乏重工业与其他产业的协同发展机制，导致了"重工业重，轻工业轻"的结构性问题，轻工业及其他产业严重滞后，消费品严重短缺，消费需求受到限制。中国执行了 30 多年的计划经济体制，积累与消费之间的关系极不协调，国民经济因结构矛盾而缺少稳定、持续的增长动力。中国1978年开始实施改革开放政策时，第二产业在GDP的比重达到48.2%，重工业占工业总产值的比重为56.9%，但占总人口超过80%的农民被排除在工业化进程之外。

到了20世纪70年代末，为了解决严重的经济结构矛盾问题，中国开始采取消费导向型的工业化发展战略，优先发展轻工业。1980年，中国对轻工业实行"六个优先"的政策，即原材料、燃料、电力供应优先；挖潜、革新、改造的措施优先；基本建设投资优先；银行贷款优先；外汇和引进技术优先；交通运输优先。自20世纪80年代初中期开始，城乡居民的消费需求和消费结构呈现新的变化，在基本需求得到初步满足后，转向了家用电器的消费，刺激了家电产业的投资和发展。从90年代起，随着工业化进程的加快，农村剩余劳动力以每年2000万到3000万的规模向非农产业转移和向城市涌入，占人口总数80%的农民逐渐融入到工业化之中，从而极大地加速了工业化和城市化的进程，改变了工业化与城市化割裂的状况。

2000年之后，消费结构明显升级并由此推动产业结构向高度化演进，房地产和汽车带动了消费结构的升级。2002年，中国钢铁消费量达2亿吨，其中60%用于房地产建设，房地产、汽车等产业成为新的高增长产业。房地产和汽车行业具有产业链条长的特点，对相关产业的带动作用很强，尤其是对钢铁、水泥、机械、化工等重工业产生了较大需求，加速了重工业的发展。同时，个人计算机和通信设备的需求高速度增长，推动电子信息产业的高速增长。电子信息产业具有技术密集度高的特点，也推动产业结构向高度化演进，尤其是信息革命极大地改变了生产体系在空间上的分布，为进一步的国际分工提供了便捷条件。正是在这个时候，我国加速对外开放，地区参与国际分工，与此同时，亚洲"四小龙"产业的转移也使其产业链条连接到我国沿海地区。

社会主义市场经济体制和对外开放促进了中国工业化进程。可以说，中国的工业化是依靠市场化改革的不断深化和对外开放的不断扩大而加速发展的。1979年中国设立深圳、珠海、汕头、厦门4个经济特区，1984年开放沿海14个城市，1988年对外开放的地域在沿海铺开，1992年之后对外开放扩大到全国各地。2001年中国加入世界贸易组织，形成了全方位、多层次的对外开放格局。近年来，人民币汇率在升值预期和外部压力的作用下不断上涨，我国工业品在国际上的价格优势逐渐减弱。目前，第三产业的比重已经占到GDP的一半以上，地位逐步提升，在国民经济中的比重持续增加，但仍未达到发达国家60%以上的标准。中国仍处在工业化的中期阶段，工业仍是国民经济的支柱产业，正面临着产业结构转型的关键问题，即由追求数量的增长向追求质量的提升转化，产业结构的布局也需要与此相适应。

中国已进入城市化快速发展阶段，都市圈已成为区域经济发展的龙头。其中，长江三角洲都市圈、珠江三角洲都市圈、京津冀都市圈水平较高；山东半岛城市群、辽中南城市群、中原城市群、武汉都市圈、海峡西岸城市群、成渝城市群和关中城市群等初具规模。都市圈标志着我国城市发展体系逐渐走向成熟。

中国城市加大了基础设施建设，大多数城市的交通建设成为建设的重点。城市快速路网加强了城市各区与中心城区的交通联系，交通设施日趋完善。能源设施和邮电通讯设施也迅速建设。推进基础配套成为多数城市共同关注的中心议题。

中国的城市社会保障体系也在不断完善。国家的《十一五规划纲要》明确提出我们要缩小的是"城乡、区域间公共服务、人均收入和生活水平的差距"，从而从指导思想上规定了城市发展的目标导向，即加强城市的社会功能，优化城市的发展环境。所采取的主要措施是：中央政府加大对中西部地区和广大乡村的财政转移支付，加快发展教育文化、医疗卫生等公共服务，为构建和谐社会创造条件。

当然，中国城市化进程中也存在一些问题。

首先，城乡二元结构体制导致城乡经济差距拉大，城乡失调。城市化的过程应该是有效地吸纳农村人口的过程和覆盖城乡的人口结构转变的过程，但户籍制度尚未从根本上改变我国城乡分割的二元管理体制。农村为城市发展提供了大量资源，而农村发展却落后于城市，城乡差距日渐拉大。

其次，在我国的城市化进程中，很多城市的发展定位都存在一定的局限性。城市的定位包括等级定位和功能定位两个方面：等级定位是指城市在区域城镇体系中的地位；功能定位是指城市在区域城镇体系中的功能分工。很多城市没有依据本地的区位条件、产业基础和发展形势进行科学的等级定位和功能定位。

第三，地方城市政府对土地经济的依赖。地方城市政府把土地看作财政收入的主要来源，热衷于以经营土地的方式经营城市，土地被征用的目的是商业开发而非公共利益，人为加大了土地市场的投机性和城市地方财政金融的风险。

身份转变问题也是城市发展中的一个大问题。在20世纪八九十年代，欧、美、日发达国家进入后工业阶段，我国港台地区也从劳动密集型阶段开始进入资本技术密集型阶段。改革初期，农民自发创造的乡镇企业是吸纳农村剩余劳动力的主体，而进入20世纪90年代后期直至加入WTO，外资快速登陆我国沿海城市，建立了很多制造业的世界级工厂，吸纳了数量极大的农民进城，农民工在第二、三产业中成为主力军，中国工业化进入了农民工时代。然而，在工业化的进程中，农民的转型却很不彻底，只是实现了半个转型。农民转型为农民工，职业是工人，身份却是农民而非市民，处于转型不彻底的中间状态。农民进城后，融入城市的步伐因户籍制度和城市社会保障等问题而停止。社会保障对市民和农民来说差别悬殊，是完全不同的二元体制，几十年来，农民工依旧被迫背负着原先的身份在城市流动，对许多重大的切身利益没有话语权，更没有获得切实保障。企业把规模的扩展寄望于源源不断的新的农民工队伍，而不是培养和提升农民工的技能，使得农民工的素质不能随着工业化同步上升，难以从简单劳动力升格为人力资本，其劳动在竞争中缺乏增值潜力，这种半转型制约着工业化的继续推进。农民工在城市的转型停滞，使得仍在农村的剩余劳动力不能继续向城市转移，进入到新一轮工业化。工业化和农民工转型是一个事物的两面，工业化程度和劳动力技能水平高低是密不可分的。农民工不能从简单劳动力升格为人力资本，使得劳动力技能滞后于产业技术升级的需要，工业化也难以升级，难以进入自主创新时代。

总而言之，上述城市化发展中的问题已经影响到我国城市化进程的顺利发展。

第五节　互联网给城市发展带来的影响

一、互联网时代的生产与生活

21世纪，人类社会已经进入信息化时代，计算机和互联网与人们的日常工作、学习和生活息息相关。人们可以在世界的任何一个地方了解到世界上在任何瞬间发生过的事件，沟通的手段和方法越来越简洁透明。信息化、网络的飞速发展使人类社会正由高度的工业化时代迈向计算机网络时代。

在计算机技术、网络通讯技术高速发展的今天，电脑和网络正在以惊人的速度进入人类社会生活的各个领域。对现代社会而言，计算机网络的普及发展，将会对社会生产和生活的各个方面产生十分巨大的影响，特别是网络作为一种生产和生活工具被广泛使用之后，计算机网络的作用将会变得更加重要。计算机网络时代的到来，也宣告了一场新的科技革命的到来，如今无论是在经济发达国家还是发展中国家，通过网络延伸的产品已经在各行业中占据了重要地位，成为一些国家调整社会产业结构、推动经济发展的主要手段。在企业管理、生产销售和财务会计工作中利用计算机和网络通信技术，可以极大地提高企业的生产管理能力和各部门的工作效率，政府部门的管理也通过计算机网络形成新的方式，电子化的政府管理模式得以实现。

计算机网络使人们的生活方式出现了崭新的形式，使人与人之间的沟通更加方便，使世界的距离变得越来越小。网络还为人们提供需要的服务，比如网上购物和完成工作和学习任务等。计算机网络的发展对人类社会产生了积极而深刻的影响，引起了社会生产和生活的变革，将推动人类文明向更高的阶段发展。信息技术革命所具有的全新的革命意义同以往任何一次技术革命相比，均有所不同。信息技术革命改变的不仅是人类对自然资源的利用方式，虽然其影响所及必然导致人类对自然资源利用的增加，但它是通过改变人类信息的传输、储存方式来实现的。计算机和网络时代的主要元素就是信息，通过计算机和互联网，信息技术的发展将会空前加快，人们了解信息、传递信息的渠道将增多、速度将变快，信息的及时性和有效性也会变得更强。

长久以来，在低下的劳动生产力的掩饰下，信息的不充分对人类经济活动的制约作用被忽略了，自工业革命以来的数次技术革命大大提高了人类的生产力，信息瓶颈也逐渐拓展扩宽。信息技术的快速发展不仅是人类信息传输与储存方式的革命，也对人类经济和社会的组织方式提出了创新的要求，电子商务、信息高速公路等信息时代的产物正在全方位地影响着人类的生产和生活。可以说，新经济的实质就是信息化与全球化，新经济的核心是高科技创新以及由此带动的一系列其他领域的创新。促成新经济出现的现实环境是全球经济一体化，信息技术革命的推进及新经济的发展，必然导致全球一体化进程的加快。

计算机网络取得的发展成就，是人类文明进入到更高阶段的标志，它推动着人类社会向更现代化的方向发展，同时推动了知识经济时代的到来。人们通过计算机网络的连接，打破了原先在时间和空间上的阻隔，在无形中拉近了彼此的距离，也在一定程度上扩大了我们生存的空间，给我们提供了超乎寻常的方便。但不可否认的是，计算机网络也给社会发展带来了一些不利影响，它在给人们的劳动和生活带来极大便利的同时，也造成了一定的社会危机。网络可以打破时间与空间上的距离，可以让人们足不出户就与外界联系在一起，但也导致人与人之间缺少正面交流，人与人之间直接的交流和沟通也因此变得越来越少。此外，网络技术还未发展到一个比较完善的阶段，网络还存在很大的虚拟性和不真实性，网络管理亦存在很大的不规范性。任何一个事物都有两面性，计算机网络可以为社会发展带来有利的方面，同样会给社会发展带来许多危害，我们必须正确地利用，才能使其真正地为社会发展服务。网络给社会带来的挑战要求我们面对新的生活和环境，同时不断地改变我们的思想和行为，如此才能抓住网络时代带给我们的机遇，努力推动人类社会向更高阶段发展。

二、互联网给城市发展带来的影响

以和城市发展的关系而言，互联网产业的集聚效应非常明显，因此互联网产业的发展可以加速城市化进程。互联网的发展可以使地区间运输成本下降，使边缘地区的经济要素不断向城市聚集，包括优质生产力、非农产业投资及其技术等，都将不断追随需求而向城市聚拢。城市在移动智能终端、互联网和工业互联网等现代信息技术的支撑下，能够在一个广域的空间建立起广泛的联系，实现更快的发展。如今，现代信息系统，以及紧密的产业协同集聚和产业链空间优化格局基础上的多中心、多圈层城市网络化体系，正在替代传统的城市空间结构，并逐步演化成一个个网络化城市空间。同时，多中心、多圈层、强联系的城市网络化趋势在特大城市和大城市内部的空间结构演化中也越发明显。

网络化城市就是指在新技术革命的背景下，以互连互通的互联网思维为城市发展理念，以区域一体化发展为体制基础，以信息服务系统为主要支撑，构建城市协调发展的城市网络体系。其中一个典型例子就是德国"工业4.0"研究项目，它是由德国联邦教研部与联邦经济技术部联手资助，在德国工程院、弗劳恩霍夫协会、西门子公司等德国学术界和产业界的建议与推动下开展的，并已上升为国家级战略。德国联邦政府投入了2亿欧元，这一战略的提出将直接影响工业自动化领域的发展，推动工业市场发展。德国政府提出"工业4.0"战略，并在2013年4月的汉诺威工业博览会上正式推出，其目的是为了提高德国工业的竞争力，使之在新一轮工业革命中占领先机。该战略已经得到德国科研机构和产业界的广泛认同，弗劳恩霍夫协会将在其下属的6—7个生产领域的研究所引入"工业4.0"概念，西门子公司也将这一概念引入其工业软件开发和生产控制系统。"工业4.0"概念包含了由集中式控制向分散式增强型控制的基本模式转变，目标是建立一个高度灵活的个性化和数字化的产品与服务的生产模式。在这种模式中，传统的行业界限将消失，并会产生各种新的活动领域和合作形式，创造新价值的过程正在发生改变，产业链分工也将被重组。德国学术界和产业界认为，"工业4.0"概念即是以智能制造为主导的第四次工业革命或革命性的生产方法。该战略旨在通过充分利用信息通讯技术和网络空间虚拟系统—信息物理系统相结合的手段，将制造业向智能化转型。"工业4.0"项目主要分为两大主题：一是"智能工厂"，重点研究智能化生产系统及过程，以及网络化分布式生产设施的实现；二是"智能生产"，主要涉及整个企业的生产物流管理、人机互动以及3D技术在工业生产过程中的应用等。该计划将特别注重吸引中小企业参与，力图使中小企业成为新一代智能化生产技术的使用者和受益者，同时成为先进工业生产技术的创造者和供应者。

围绕"互联网+"战略，中国城市化进程也迎来一次新的发展机遇。过去粗放经营的高投入、高消耗，以及不顾生态和环境的发展模式已难以为继，我们今后必须走可持续发展的道路。当前，中国确定了以信息化带动工业化、以工业化促进信息化的战略，坚持以信息化带动工业化而不是取代工业化，注重用信息技术改造传统产业而不是与传统产业相脱节。移动互联网已是城市必不可少的环节，移动终端、LBS、基于位置服务的普及和互联网的物联网化，都将给大众生活带来极大便利。

可以说，大量增加的城市人口已经催生对城市服务和资源的巨大需求，大数据分析、移动技术和云计算对于解决问题并创造机会而言至关重要，也是未来城市发展的关键所在。移动化技术将带领城市进入真正意义上的大数据时代，近几年来可视化的大数据研究已大大提升了决策的科学性。以大数据为切入口，能够进行多个维度的参考，未来随着城市体量的增大以及大量数据的产出，从政府决策到服务，从居民衣食住行到城市产业布局，甚至到城市的运营和管理方式，都将在公开的大数据支撑下变得更加智慧化。随着云技术的逐步成熟，"云化"成为各地城市数据中心的关键支撑，并且可以借助新一代信息技术的大量应用实现智慧技术高度集成、智慧产业高端发展、智慧服务高效便民，从而完成从数字城市向智慧城市的飞跃。

另外，物联网的发展也为未来的城市化提供了不可估量的动力。物联网不仅可以在传统的物流领域帮助企业提高经济效率和节约成本，还可以广泛应用于道路、交通、医疗、能源等领域。

第六节　自然与人为灾害对城市的影响

一、自然灾害对城市的影响

自然灾害是指给人类生存带来危害或损害人类生活环境的自然现象，包括干旱、高温、低温、寒潮、洪涝、积涝、山洪、台风、龙卷风、火焰龙卷风、冰雹、风雹、霜冻、暴雨、暴雪、冻雨、大雾、大风、结冰、霾、雾霾、浮尘、扬沙、沙尘暴、雷电、雷暴、球状闪电等气象灾害；火山喷发、地震、山体崩塌、滑坡、泥石流等地质灾害；风暴潮、海啸等海洋灾害；森林草原火灾和重大生物灾害等。自然灾害包括六大类：

（一）气象灾害

气象灾害有20余种，主要包括以下种类：
1. 暴雨：山洪暴发、河水泛滥、城市积水。
2. 雨涝：内涝、渍水。
3. 干旱：农业、林业、草原的旱灾，工业、城市、农村缺水。
4. 干热风：干旱风、焚风。
5. 高温、热浪：酷暑高温、人体疾病、灼伤、作物逼熟。
6. 热带气旋：狂风、暴雨、洪水。
7. 冷害：强降温和气温低造成作物、牲畜、果树受害。
8. 冻害：霜冻，作物、牲畜冻害，水管、油管冻坏。
9. 冻雨：电线、树枝、路面结冰。
10. 结冰：河面、湖面、海面封冻，雨雪后路面结冰。
11. 雪害：暴风雪、积雪。

12. 雹害：毁坏庄稼、破坏房屋。

13. 风害：倒树、倒房，翻车、翻船。

14. 龙卷风：局部毁坏性灾害。

15. 雷电：雷击伤亡。

16. 连阴雨（淫雨）：对作物生长发育不利、粮食霉变等。

17. 浓雾：人体疾病、交通受阻。

18. 低空风切变：（飞机）航空失事。

19. 酸雨：作物等受害。

（二）海洋灾害

海洋灾害主要包括如下种类：

1. 风暴潮：包括台风风暴潮、温带风暴潮。

2. 海啸：分为遥海啸与本地海啸两种。

3. 海浪：包括风浪、涌浪和近岸浪三种，就其成因而言又分为台风浪、气旋浪。

4. 海水。

5. 赤潮。

6. 海岸带灾害：如海岸侵蚀、滑坡、土地盐碱化、海水污染等。

7. 厄尔尼诺的危害。

（三）洪水灾害

1. 暴雨灾害。

2. 山洪。

3. 融雪洪水。

4. 冰凌洪水。

5. 溃坝洪水。

6. 泥石流与水泥流洪水。

（四）地震灾害

1. 构造地震。

2. 隔落地震。

3. 矿山地震。

4. 水库地震等。

（五）农作物生物灾害

1. 农作物病害：主要有水稻病害 240 多种，小麦病害 50 种，玉米病害 40 多种，棉花病害 40 多种，以及大豆、花生、麻类等多种病害。

2. 农作物虫害：主要有水稻虫害 252 种，小麦虫害 100 多种，玉米虫害 52 种，棉花虫害 300 多种，以及其他各种作物的多种虫害。

3. 农作物草害：8000 多种。

4. 鼠害。

（六）森林生物灾害

1. 森林病害：2918 种。

2. 森林虫害：5020 种。

3. 森林鼠害：160 余种。

在自然灾害中，还有 9 种对人类的威胁最大，分别是：地震、泥石流、滑坡、洪水、海啸、台风、龙卷风、雷击和暴雪。

（一）地震

地震是地壳产生的能量快速释放的产物，会造成大面积的建筑破坏，以及人员伤亡和财产损失。地球上每年发生 500 多万次地震，即每天要发生上万次地震。其中，绝大多数太小或太远，以至于人们感觉不到，真正能对人类造成严重危害的地震有一二十次，能造成特别严重灾害的地震有一两次。

地震的类型根据发生的位置可分为：板缘地震、板内地震、火山地震；根据震动性质的不同可分为：天然地震、人工地震、脉动；按地震形成的原因可分为：构造地震、火山地震、陷落地震、诱发地震、人工地震；根据震源深度可分为：浅源地震、中源地震、深源地震；按地震的远近可分为：地方震、近震、远震；按震级大小可分为：弱震、有感地震、中强震、强震；按破坏程度可分为：一般破坏性地震、中等破坏性地震、严重破坏性地震、特大破坏性地震。

在现代化城市中，地震导致的地下管道破裂和电缆切断会造成停水、停电和通讯受阻。地震导致的煤气、有毒气体和放射性物质泄漏会造成火灾和毒物、放射性污染等次生灾害。

（二）洪水

河道中已经积满水时降雨若仍在继续就很容易出现洪水，洪水的出现会使城市、村庄被淹没。洪水灾害同气候变化一样，有其自身的变化规律，这种变化由各种长短周期组成，会使洪水灾害循环往复发生。洪水按出现地区的不同，大体上可分为河流洪水、海岸洪水和湖泊洪水等。洪水从级别上分为四种：一般洪水，重现期小于10年；较大洪水，重现期10—20年；大洪水，重现期20—50年；特大洪水，重现期超过50年。

洪水灾害是世界上最严重的自然灾害之一，洪水往往分布在人口稠密、江河湖泊集中、降雨充沛的地方，如北半球暖温带、亚热带。中国、孟加拉国是世界上洪水灾害发生最频繁的地区，美国、日本、印度和欧洲的城市洪水灾害也很严重。

（三）滑坡

滑坡是斜坡岩土体沿着贯通的剪切破坏面所发生的滑移地质现象。

（四）泥石流

泥石流是山区地形险峻的地区，由暴雨引发的山体滑坡并携带有大量泥沙以及石块的特殊洪流。2010年8月7日甘南藏族自治州舟曲县城发生的特大泥石流造成1557人遇难。

（五）海啸

海啸常由地震、海底火山喷发引起，剧烈的海啸会将沿海的城市摧毁。2011年日本"3·11"地震引发的巨大海啸对日本东北部岩手县、宫城县、福岛县等造成毁灭性破坏，造成25985人死亡、13346人失踪，并引发福岛第一核电站核泄漏。

（六）台风

台风会造成暴雨、暴风，同时也可能产生龙卷风，台风的出现会对沿海城市造成很大的影响。

（七）龙卷风

龙卷风是时速超过150公里的旋转风，会对经过的地方造成大面积的破坏。

（八）雷击

雷击是云层对大地的放电，对建筑物、电子电气设备和人的危害很大。

（九）暴雪

暴雪是天气现象中的一种过度降雪过程，它给人们的生活、出行带来了极大不便。

中国是世界上自然灾害最严重的少数几个国家之一，而且自然灾害种类多，发生频率高，全国70%以上的城市、50%以上的人口分布在气象、地震、地质、海洋等自然灾害严重的地区，2/3以上的国土面积受到洪涝灾害的威胁。

一般来说，地震是城市面临的第一大地质灾害，地震活动是当今地质作用中对自然地貌形态和城市地貌改造与破坏最强烈的一种。城市的人口和财产高度密集，经济发达，所以地震灾害的直接损失、间接损失特别严重，是防震减灾的重点。

我国是一个地震多发的国家，8级以上的地震平均每10年1次，7级以上的地震平均每年1次，而5级以上的地震平均每年有14次之多。我国地震活动的特点是：分布广、频率高、强度大、震源浅、危害大。我国人口在100万以上的大城市，70%位于地震烈度大于7度的地区内。我国地震活动强烈的地区，多分布在地壳不稳定的大陆板块和大洋板块接触带及板块断裂破碎带上，从地区分布上看主要是东南部的台湾地区和福建沿海；华北太行山沿线和京津唐地区；西南青藏高原及其边缘的四川、云南省西部；西北的新疆、甘肃和宁夏。自有资料记载以来，我国最大地震为8.5级，山东、西藏、宁夏各发生一次。一般情况下，地震中直接受地震波冲击而伤亡的人数在地震伤亡总人数中所占的比例并不高，更多的灾害是地震诱发的次生灾害造成的。这些次生灾害主要有：山体滑坡、水库溃坝、电力线路短路、煤气或供排水管道泄漏、火灾、瘟疫等。特别是当这些灾害中的几种同时发生时，情况会更加复杂。1976年7月28日发生在河北唐山市区的7.8级大地震，造成24.2万人死亡、16.4万人重伤、54.1万人轻伤，其中唐山市区死亡14.9万人，7218户全家震亡，唐山市变为一片废墟。

洪涝灾害也是我国城市主要的自然灾害之一。从分布上来说，洪涝一般是东部多，西部少；沿海地区多，内陆地区少；平原地区多，高原和山地少。我国城市洪涝灾害可分为傍山型、沿江型、滨湖型、滨海型、洼地型五种，最为多见的是沿江型。暴雨洪水是我国洪水灾害的最主要来源，我国大部分地区处在大陆季风气候影响下，降雨时间集中，强度大。全年降雨量，除新疆北部和湖南南部以外，绝大部分地区50%以上的降雨量集中在5月至9月，其中淮河以北大部地区和西北大部，西南、华南南部，台湾大部有70%到90%，淮河到华南北部的大部分地区有50%到70%集中在5月至9月。

在我国东部城市集中地区，有四个大暴雨多发区：首先是东南沿海到广西十万大山南侧，包括台湾地区和海南岛，24小时雨量可达500毫米以上；其次是自辽东半岛，沿燕山、太行山、伏牛山、巫山一线以东的海河、黄河、淮河流域和长江中下游地区，24小时暴雨量可达400毫米以上，太行山东南麓、伏牛山东南坡曾有600—1000毫米或者更多一些的暴雨记录；再次是四川盆地，特别是川西北，24小时暴雨量常达300毫米以上；还有就是内蒙古与陕西交界处也曾多次发生大暴雨。高强度、大范围、长时间的暴雨常常形成峰高量大的洪水。在东部地区，有73.8万平方公里国土面积的地面处于江河洪水位以下，有占全国40%的人口、35%的耕地、60%的工农业总产值受洪水严重威胁。[1]

二、人为灾害对城市的影响

人为灾害是指主要由人为因素引发的灾害。"人类活动对我们周围的自然系统作用愈来愈大，自然系统对人类社会的反作用也愈来愈强，这是现代灾害频发的一个重要原因。"[2] 人为灾害种类很多，主要包括自然资源枯竭灾害、环境污染灾害、核灾害等。具体来讲，自然资源枯

---

[1] 摘自《中华人民共和国水文年鉴》，中国水利水电出版社2018年版，第156页。
[2] 引自汪汉忠著：《灾害、社会与现代化》，社会科学文献出版社2005年版，第47页。

竭灾害包括如下几种：

（一）森林资源枯竭灾害

历史上，森林曾覆盖了地球陆地面积的2/3，曾经达80亿公顷，覆盖率达70%以上，直到19世纪后半叶，森林覆盖率还有50%左右。人类对森林的大规模破坏大都是近百年的事，且破坏的速度越来越快。据联合国粮农组织公布的报告显示，截至2017年，全世界森林面积只剩35亿公顷，只占地球陆地面积的26.6%，1990—2017年间世界森林面积净损失竟达5630万公顷。

（二）物种资源枯竭灾害

地球自出现生命以来，到现今已形成约1000万种动物、植物和微生物，人类的活动使物种绝灭速度加快，造成了物种资源的衰竭。

（三）土地资源枯竭灾害

土地具有承载、滋育、供给等基本功能，人类自存在以来，就与土地结成了不可分离的依存关系。近代的人类活动使许多土地质量下降、可利用性降低或失去利用价值，导致地球上的可利用土地越来越少。

（四）水资源枯竭灾害

水资源是一种有限的资源。进入20世纪以来，城市急剧增加、扩大，水的消耗量增长很快，导致了全球性的水资源危机。

除此之外，环境污染灾害则包括如下几种：

（一）大气污染灾害

自然界中局部的质能变化（如火山爆发）和人类活动向大气中排放各种物质改变了大气组成，从而使大气质量恶化，其原有生态平衡被破坏，这就是大气污染。

（二）土壤污染灾害

土壤污染就是指人类在生产和生活活动中产生的废水、废气和固体废弃物直接或间接进入土壤，破坏土壤系统原有的平衡，引起其成分、结构和功能的变化，进一步造成对人类的不利影响。

（三）水体污染灾害

人类使用水后都会产生一些污染物质，从而引起水体污染。人类活动造成水体污染的污染源主要有三类：工业污染源、农业污染源和城市污染源。

核灾害主要是指核污染。在人类利用核能的过程中，核污染事件不断发生。随着核能的广泛利用，核污染已成为人类社会的一种主要灾害。苏联切尔诺贝利核电站事故和日本福岛核电站事故是迄今为止最为严重的核污染事件。

苏联切尔诺贝利核电站事故于1986年4月26日发生在乌克兰苏维埃共和国境内的普里皮亚季市，该电站第4发电机组爆炸，核反应堆全部炸毁，大量放射性物质泄漏，成为核电时代以来最大的事故。辐射危害严重，导致事故前后3个月内有31人死亡，之后15年内有6万—8万人死亡，13.4万人遭受各种程度的辐射疾病的折磨，方圆30公里的11.5万多民众被迫疏散。这是有史以来最严重的核事故，外泄的辐射尘随着大气飘散到苏联的西部地区、东欧地区及北欧的斯堪的纳维亚半岛，白罗斯受污染最严重，由于风向的关系，据估计约有60%的放射性物质落在白罗斯的土地上。

福岛核电站位于北纬37度25分14秒，东经141度2分，地处日本福岛工业区。它曾是当时世界上最大的在役核电站，由福岛第一核电站、第二核电站组成，共10台机组（一站6台，二站4台），均为沸水堆。2011年3月11日，日本东北太平洋地区发生里氏9.0级地震，继而发生海啸，导致福岛第一核电站、第二核电站受到严重的影响。2011年3月12日，日本经济产业省原子能安全和保安院宣布，受地震影响，福岛第一核电厂的放射性物质泄漏到外部。2011年4月12日，日本原子能安全和保安院将福岛核事故等级定为核事故最高分级7级（特大事故），与切尔诺贝利核事故同级。福岛县在核事故后，对县内所有儿童（约38万）进行了甲状腺检查。截至2018年2月，已诊断159人患癌，34人疑似患癌。

这两次核事故对所属地区造成毁灭性破坏，几十平方公里完全封闭，城市被废弃。

第三章 "后工业化"时期的城市发展与综合治理

第一节 以建设数字智能城市和生态城市为目标

一、数字智能城市

城市化发展的高级阶段是网络城市时代,这时的信息变成一种重要的社会资源,成为社会发展所要依赖的综合性要素,而借助于网络,信息资源的开发和利用将会变得更为简单。我们可以通过建立专门的社会、行业、企业和个人的信息网络和信息数据库,使社会经济的各个部门都能够把生产和经营决策建立在及时、准确和科学的信息基础上,从而使整个国民经济的水平得到大幅度提高。这几年,世界经济的快速发展得益于IT产业技术的发展,今后国民经济的一个重要增长点也将有赖于信息服务业。

所谓数字城市,是指将城市地理、资源、环境、人口、经济、社会社情和各种社会服务等复杂系统进行数字化、网络化、虚拟仿真、优化决策支持和可视化。通过宽带多媒体信息网络、地理信息系统、虚拟现实技术等基础技术,整合城市信息资源,构建基础信息平台,建立电子政务、电子商务等信息系统和信息化社区,实现全市国民经济信息化和社会公众服务信息化、数字化。数字城市的主要内容是指城市基础设施数字化，包括基础地理信息设施、市政基础设施、交通设施、金融服务设施、工业服务设施、文教服务设施、安全应急设施、政府服务设施、规划管理设施、文教卫生设施、安全应急设施等。

数字城市把身处的物理城市用测绘技术进行测绘和数字化，然后显示各种城市资源的分布情况，促进各种信息在政府、企业和公众之间的共享，帮助人们以更经济、合理的方式利用资源，从而更好地享受城市生活，更有效地利用和改造城市，支持可持续发展。这样的数字城市地理空间框架既是城市的空间基础信息平台，也是国家空间数据基础设施的基本组成部分，它是信息集成的载体，也是数字城市赖以实现的不可或缺的基础支撑。数字城市地理空间框架也是国家、省（直辖市、自治区）、城市三级地理空间框架的重要组成部分，是市域范围内自然、社会、经济、人文与环境等各种信息的定位基础、集成工具和交换平台。三级地理空间框架的建设是整体规划、渐进实施、相互协调，并遵循相应的标准和规范，从而实现分布式环境下多源、异质、异构地理空间数据的流通、共享。所谓城市信息和交换共享化，包括数据通讯三网合一、网上分布式运算、网上分布式数据库、数据仓库、数据中心、数据处理平台、数据共享平台等。所谓城市生活和管理网络化，包括网上商务、网上金融、网上社会、网上教育、网上医疗、网上政务等。

所谓智能城市，主要是指通过物联网、云计算、人工智能、计算机识别技术提高城市规划、建设、管理、服务的智能化水平，使城市运转更高效、更便捷、更经济。智能城市是人脑智慧、机器智能与物理城市三位一体的新的城市形态，是人的智慧与城市及大自然的和谐统一。

智能城市是智能技术充分应用的城市。智能技术也是信息技术，只是强调的重点不同。智能技术强调的是软件资源，强调自动处理系统的贡献，智能技术有望成为信息技术应用的新热点。简单地说，信息化普及与计算机的性价比密切相关，IT昂贵时代许多人围着一台计算机转，

IT廉价时代一人一台计算机，在IT超廉价时代将会有许多计算机围着人服务，智能服务的特点是对事不对人，表现为自动化服务。在一对一信息服务的时代，应用的中心是个人化的信息服务，主要是系统向人提供信息，供人使用。在多对一IT智能服务时代，信息系统是代替人自动处理事务，如智能电网、智能交通、智能环保都是自动化系统，系统经常在人无所察的情况下为居民提供服务。程序是人处理事务方法的逻辑表述，这些程序在特定系统上运行而形成自动处理事务智能，理论上可以用居民日平均利用的程序条数反映城市的智能化程度，城市的智能化程度越高，居民的生活工作就越方便，也越有效率。虚拟空间与信息数据的转化和渗透，使智慧城市逐步剥离概念层面，向全面实践层面过渡，通过政策支撑和政府推动，从而形成一个新型产业形态。智能化城市要求城市的管理更加精细、环境更加和谐、经济更加高端、生活更加舒适。智慧城市更加聚焦民生与服务，更加鼓励创新与发展，更加强调感知与物联，更加强调公众参与和互动。

一般来说，数字智能城市评价标准包括智能经济、智能移动、智能环境（即注重城市的生态环境）、智能治理等多种指标。数字智能城市的建设主要包括智能建筑、智能能源网络、智慧城市交通和智能医疗系统等方面。在一座城市的顶层设计大盘之下，民生类的应用领域，如智慧交通、智慧医疗、智慧环保、智慧旅游等也会进一步壮大。

二、加快建设数字智能城市

近年来，随着我国城市化进程不断加速，交通拥堵、环境恶化、用水用电紧张、资源利用效率低下、突发事件应对能力欠缺等一系列问题日益凸显。为了应对日益严重的"城市病"，实现城市的可持续发展，建设数字智能城市已成为我国城市化建设过程中的一种必然趋势。"而智慧城市是在科学的城市发展理论指导下，综合运用新一代信息技术的城市建设理念，是解决当前城市运行问题的有效方式。"① 数字智能城市的建设对医疗、交通、物流、金融、通信、教育、环保等领域的发展具有明显的带动作用，对我国扩大内需和转变经济发展方式也有促进作用。

在计算机网络时代，计算机和互联网的利用必将渗透到社会生产和生活的各个方面，计算机和网络的功能将会给企业生产和经营活动的开展以及老百姓的工作和生活带来极大便利。在互联网的联系和沟通下，各种信息传播的速度将会加快，企业和个人对网络信息的依赖程度将不断加深，信息需求程度相对较大的部门将成为未来社会中创造高附加值的行业，并通过它们带动相关知识产业的进步和发展，甚至带动全社会经济结构的优化调整，推动社会经济的全面进步。数字智能城市最显著的两项益处就在于其稳定性和高效性，同时，衡量一个城市是否智能有五项标准：技术发展程度、建筑、公用设施、城市交通系统智能化以及城市本身。

经过30多年的经济持续高速增长，我国的经济总量于2010年超过日本，成为仅次于美国的世界第二大经济体。但是，我国经济长期高速增长背后存在着发展方式粗放、高消耗、高排放、高污染、低产出、低附加值等诸多问题。数字智能城市可以通过顶层设计、技术主导、人文架构、理念融合等，有效地解决城市发展带来的一系列现实问题。所以，未来我国城镇化发展，既要充分借鉴发达国家经验，又要充分考虑我国国情和新时代、新背景，发挥"后发优势"，强化以数字智能为代表的高新技术产业对城市化发展的动力支撑，注重区域均衡协调发展，推动我国城镇化又好又快地发展。中国政府提出以信息化带动工业化，以工业化促进信息化，走出一条科技含量高、经济效益好、资源消耗低、环境污染少、人力资源优势得到充分发挥的新型工业化和城市化道

---

① 引自杨正洪编：《智慧城市：大数据、物联网和云计算之应用》，清华大学出版社2014年版，第10页。

路。中国的城市化任重而道远，只有建立起一个高效的信息网络系统，才能为经济振兴获取新起点和有效保证。我国当前经济结构深度转型和城镇化加速发展并驾齐驱，新技术尤其是战略性新兴产业蓬勃发展，唯有加快科技进步和技术创新，大力发展创新驱动型经济，以产业结构高度化带动城镇化质量提升，才是我国抢占发展制高点以提升全球竞争力的有效路径，因此建设数字智能城市对我国综合竞争力的全面提高具有重要的战略意义。

数字智能城市强调直接面向人的信息服务，用户端设备是PC、手机、平板电脑、电子书等附属于人的终端，系统提供信息供人使用。数字智能城市建设就是城市信息化建设，是利用遥感技术、地理信息系统、全球定位系统、计算机技术和多媒体及虚拟仿真等现代科学技术，对城市基础设施和与生产生活发展相关的各方面进行多主体、多层面、全方位的信息化处理和利用，建立起能对城市地理、资源、生态、环境、人口、经济、社会等诸方面进行数字化管理的信息体系。所以，可以通过构建统一的数字城市地理空间框架数据，整合各类专业信息资源，开展典型示范应用，促进地理信息资源的充分利用，推动城市信息化进程，并使之形成统一的、权威的城市地理空间信息公共平台，为数字城市建设的长远发展奠定地理空间信息基础。

数字智能城市的建设，可以带动包括物联网设备、终端制造类基础设施服务业、网络服务业、软件开发应用集成服务业、信息应用服务业的大规模产业链的形成。数字智能城市建设，还可以推动新一轮的科技创新，也就是数字智能城市建设在产生新兴产业的集聚效应的同时，可推动新一代科技创新的浪潮，以智慧带动工业化升级，提升服务业的效率与速度，为城市提供可持续发展的动力。数字智能城市建设，还可以实现经济、社会和人文信息的空间统计分析和决策支持，使城市管理和服务空间化、精细化、动态化、可视化、真实化。智慧民生的支柱是智慧型、人性化的城市服务，技术的介入通过智能化改造和升级，可以提高公共服务和居民生活的便利性，推动城市服务的高效运行。

2012年以前，我国的智慧城市建设还属于企业主导的自主探索与自发作为。2013年初，我国公布第一批智慧城市试点，标志着我国政企联盟走向规模化、集约化。2014年3月，中共中央、国务院发布《国家新型城镇化规划（2014—2020年）》，明确提出要"推进智慧城市建设"，首次将污染、拥堵等定义为城市病，提出要让出行更方便、环境更宜居等；旨在通过"互联网+"，运用互联网思维推动城市转型发展，借助技术将数字智能城市纳入国家级战略规划，代表智能城市的建设已经上升为国家行为。从2014年起，智慧城市建设的上层推动作用日益明显：以《国家新型城镇化规划》为基础，后续陆续发布了《关于促进智慧城市健康发展的指导意见》《关于开展国家智慧城市2014年试点申报工作的通知》以及工信部等八部委联合印发的《关于促进智慧城市健康发展的指导意见》等，这些文件对智慧城市建设的指导思想、实践路径、工作重点都做出了明确界定。2015年的两会政府工作报告指出要发展智慧城市，保护和传承历史、地域文化，明确了治理智能化的人本管理模式。

在一系列政策指导下，我国智能城市建设得到飞跃式发展，城市化建设理念不断创新，越来越多的创新技术融入到我国城市化建设中来。

智能城市建设是一项庞大的工程，因而进行科学的城市规划显得尤为重要。首先要做好顶层规划设计，规划中要突出城市发展特色，规范城市各项工作的实施。其次，除城市规划外，制定严格的城市评价指标体系也必不可少。城市建设体系中各层次的节点应有评价指标，并在城市建设过程中逐步完善，形成较为健全的城市评价指标体系，从而客观地反映城市建设的水平，为进一步提升城市竞争力、促进转型发展提供帮助。

智能城市的建设需要智能化和信息化技术的升级，智能城市的发展也离不开互联网、物联网、大数据、云计算等技术的驱动。人工智能正渗透到智能城市的众多细分领域，基于大数据、人工智能、信息安全和移动互联网技术的"社会服务管理信息化平台"已全面普及。该平台可实现城市数据资源的共享，建立起信息化支撑、网格化管理和多元化服务的"互联网+政务服务"新模式。第五代移动通讯技术（5G）已经起步，它可使用比现有移动网络更高的频谱，提供极快的传输速度，支持更多的终端接入。在物联网的基础之上，5G将成为智能城市的重要基石。

三、生态城市的内涵

要理解生态城市，首先要理解生态文明。生态文明是指人类遵循人、自然、社会和谐发展这一客观规律而取得的物质与精神成果的总和，是以人与自然、人与人、人与社会和谐共生、良性循环、全面发展、持续繁荣为基本宗旨的文化伦理形态，它将使人类社会形态发生根本转变。

过去300年的工业文明是以人类征服自然为主要特征的，世界工业化的发展使征服自然的文化达到极致。进入后工业化时期，一系列全球性生态危机说明地球再无能力支持工业文明的继续发展，需要开创一个新的文明形态来延续人类的生存，这就是生态文明。如果说农业文明是"黄色文明"，工业文明是"黑色文明"，那么生态文明就是"绿色文明"。生态文明是人类文明的一种形态，它以尊重和维护自然为前提，以人与人、人与自然、人与社会和谐共生为宗旨，以建立可持续的生产方式和消费方式为内涵，以引导人们走上持续、和谐的发展道路为着眼点。可以说，生态文明是人类对传统文明形态特别是工业文明进行深刻反思的成果，是人类文明形态和文明发展理念、道路和模式的重大进步。建设生态文明，不同于传统意义上的污染控制和生态恢复，而是克服工业文明弊端，探索资源节约型、环境友好型发展道路的过程。

生态城市是一种趋向尽可能降低对自然资源的需求，也尽可能降低废气、废水和废弃物排放的城市。这一概念是在20世纪70年代联合国教科文组织发起的"人与生物圈"（MAB）计划研究过程中提出的，一经提出，就立刻受到全球的广泛关注。"生态城市"作为对传统的以工业文明为核心的城市化发展观的反思、扬弃，体现了工业化、城市化与现代文明的交融与协调，是人类自觉克服"城市病"、从灰色文明走向绿色文明的理论创新。它在本质上适应了城市可持续发展的内在要求，标志着城市由传统的追求经济增长模式向经济、社会、生态有机融合的复合发展模式的转变。它体现了城市发展理念中传统的人本中心主义向理性的人本主义的转变，反映出城市发展在处理人与自然、人与人关系上取得了新的认识，使城市发展不仅追求物质形态的发展，更追求精神形态上的进步，即更加注重人与社会及人与自然的关系。

从广义上讲，生态城市是建立在人类对人与自然关系更深刻认识基础上的新观念，是按照生态学原则建立起来的社会、经济、自然协调发展的新型关系，是有效地利用环境资源实现可持续发展的新的生产和生活方式。狭义地讲，就是按照生态学原理进行城市设计，建设和谐、健康、可持续发展的人类居住环境。生态城市的核心价值观就是尊重自然、保护环境、节约资源，强调资源的循环利用，强调社会和谐。生态城市由物质、能量和信息共同组成，只有正确处理好它们之间的关系，才能维护动态平衡。生态也是一座城市的能量，在智慧城市规划、设计、建设和发展过程中，需要更加关注城市生态环境保护，重视生态文明建设。人与技术的和谐将通过城市完善的表层反馈出来，包括不断完善环境能源监测体系、能耗控制体系、污染排放监测体系，以及积极推进绿色建筑和低碳城市建设等。

生态城市应满足以下标准：应用生态学原理规划建设城市，使城市结构合理、功能协调；保护并高效利用一切自然资源，使产业结构更加合理；采用可持续的发展模式，使物质循环利用率更高；建设完善的公共设施和基础设施，使居民有较高的生活质量；人工环境与自然环境能够有机结合，创造有利于身心健康的人居环境；能够保护和继承传统文化遗产，使历史文明延续；城市居民有较高的生态意识和环境道德观念；政府拥有完善的生态调控管理与决策系统。

要想理解生态城市就应该明白，城市化并不意味着生产和消费的更集中、更大规模、更社会化和更高的生产效率；并非城市化程度越高，现代化程度就越高，这是对城市化意义的误解。生态城市中"生态"两个字实际上包含了生态产业、生态环境和生态文化三个方面的内容。生态城市建设不再仅仅是单纯的环境保护和生态建设，而是涵盖了环境污染防治、生态保护与建设、生态产业发展（包括生态工业、生态农业、生态旅游）、人居环境建设、生态文化等方面，涉及各部门各行业，这也正是可持续发展战略的要求。生态文明体现为人与技术的合力，随着科技互联网的发展，人们的时间被大量占用，自然生态的稀缺价值成为重要议题，因而生态系统影响到人居空间，成为城市形态的新特点，户外体验亦成为人类的重要休闲方式。生态城市将是一个经济高度发达、社会繁荣昌盛、人民安居乐业、生态良性循环四者保持高度和谐的地方，即城市环境及人居环境要清洁、优美、舒适、安全，失业率要低、社会保障体系要完善，高新技术要占主导地位，技术与自然要达到充分融合。

最大限度地发挥人的创造力和生产力，才会有利于提高城市文明程度的稳定性、协调性和持续性，也就是要建设人工复合生态系统。所谓人工复合生态系统，简单地说就是社会—经济—自然的人工复合生态系统，蕴含社会、经济、自然协调发展和整体生态化的人工复合生态系统。具体地说，社会生态化表现为，人们拥有自觉的生态意识和环境价值观，人口素质、生活质量、健康水平和社会进步与经济发展相适应，有一个保障人人平等自由、接受教育、免受暴力的社会环境。经济生态化表现为，采用可持续发展的生产、消费、交通和居住发展模式，实现清洁生产和文明消费，推广生态产业和生态工程技术。对于经济增长，不仅重视数量的增长，更追求质量的提高，提高资源的再生和综合利用水平，节约能源，提高热能利用率，降低矿物燃料使用率，研究开发替代能源，提倡大力使用自然能源。

生态城市的和谐性，不仅反映在人与自然的关系上，即人与自然共生共荣、人回归自然、贴近自然、自然融于城市，更重要的在人与人的关系上。现在，人类活动促进了经济增长，却未能实现人类自身的同步发展。生态城市要成为营造满足人类自身进化需求的环境，就要充满人情味，并且文化气息浓郁，拥有强有力的互帮互助群体，富有生机与活力。文化是生态城市重要的功能，文化个性和文化魅力是生态城市的灵魂，这种和谐乃是生态城市的核心内容。生态城市一改现代工业城市"高能耗""非循环"的运行机制，提高一切资源的利用率，物尽其用，地尽其利，人尽其才，各施其能，各得其所，优化配置，物质、能量得到多层次分级利用，物流畅通有序，废弃物循环再生，各行业、各部门之间通过共生关系进行协调。

总之，生态城市不是单单追求环境优美或自身繁荣，而是兼顾社会、经济和环境三者的效益；不仅仅重视经济发展与生态环境协调，更重视对人类质量的提高，是在整体协调的新秩序下寻求发展。生态城市以可持续发展思想为指导，兼顾不同时期、空间，合理配置资源，公平地满足现代人及后代人在发展和环境方面的需要，不因眼前的利益，以"掠夺"的方式促进城市暂时"繁荣"，而是保证城市社会经济健康、持续、协调发展。

四、生态城市的建设

传统工业化道路虽然使我国工业得到快速发展，但却付出了超常的代价。在新的历史时期，传统工业化道路很难再培养出新的竞争优势。

如果继续沿着这条路走下去，我们原有的竞争优势可能会逐步丧失，所以必须走一条新型工业化道路。近二三十年来，随着科学技术的进步，人们对城市化的标准的认识正在发生新的变化，对环境质量的要求越来越高。"从近20年国际政治经济局势来分析，全球气候变化的话题越炒越热，已经成为国际社会政治经济博弈的一个重要方面。"[①] 发达国家都非常重视生态城市的建设，我们在21世纪推进城市化的时候也应该考虑这些新因素，避免走污染—治理—污染的弯路。

人类活动对整个环境的影响是综合性的，而环境系统也从各个方面反作用于人类，其效应是综合性的。人类与其他生物不同，不仅仅以自己的生存为目的来影响环境，使自己的身体适应环境，而是为了提高生存质量，通过自己的劳动来改造环境，把自然环境转变为新的生存环境。这种新的生存环境有可能更适合人类生存，但也有可能恶化了人类的生存环境。在这一反复曲折的过程中，人类的生存环境已形成一个庞大的、结构复杂的、多层次相互交融的动态环境体系，所以生态城市的建设涉及生活方式和生产方式的转变。生态城市能不能建设好，最终体现在人们的行为方式是否发生了真正的转变，是否按照生态城市这个理念来转变生活方式和生产方式，是否以最小的环境资源代价为社会提供比较满意的生产和生活方式。城市环境问题的成因非常复杂，且多因素相互交叉、相互影响，在科学发展观指导下的新型城市化发展进程中，我们需要把握各个阶段城市化发展的程度，了解不同发展模式下的城市状态，调整城市在可预见的一段时期内向城市化方向发展，也就是说我们需要更多地关注建设宜居城市的问题。

可以说，建设绿色生态城市是可持续发展的客观要求，而"可持续发展"作为一个发展战略，已越来越受到各国政府的重视。2009年举行的哥本哈根世界气候大会获得192个国家的支持和首脑的参与，形成

[①] 引自游钧、张丽宾著：《中国绿色就业研究》，社会科学文献出版社2014年版，第10页。

了维护《联合国气候变化框架公约》及《京都议定书》确立的"共同但有区别的责任"原则的《哥本哈根协议》。国际社会对城市发展的认知发生了巨大变化，宜居、绿色、低碳成为国际间城市发展的新理念。

我国人口众多、资源相对不足、环境承载能力较弱，所以必须克服资源短缺的"瓶颈"制约，解决环境污染和生态问题，加强资源节约和环境保护。建设生态文明，将有利于促进经济结构调整和发展方式转变，实现经济和城市又好又快地发展；将有利于带动环保和相关产业发展，培育新的经济增长点和增加就业机会；将有利于提高全社会的环境保护意识和生态文明道德素质，促进社会主义精神文明建设；将有利于保障人民群众身心健康，提高生活质量和改善生存环境；将有利于国家和民族的长远利益，为子孙后代留下良好的生存和发展空间。

生态城市的建设离不开生态产业的发展。生态产业是按生态经济原理和知识经济规律组织起来的、基于生态系统承载能力的、具有高效的经济过程及和谐的生态功能的网络型、进化型产业。它通过2个或2个以上的生产体系之间的系统耦合，使物质、能量能多级利用、高效产出，资源、环境能系统开发、持续利用。生态产业规划要通过生态产业将区域国土规划、城乡建设规划、生态环境规划和社会经济规划融为一体，促进城乡结合、工农结合、环境保护和经济建设结合；为企业提供具体产品和工艺的生态评价、生态设计、生态工程与生态管理的方法。生态产业建设要注重改变生产工艺，选择循环生产模式。循环生产模式能使生产过程中向环境排放的物质减少到最低程度，实现资源、能源的综合利用。

在城市规划方面，生态城市的建设要立足地方的自然资源、历史风貌、建设现状等现实基础，挖掘地方特色，无论是在城市建筑形态设计、人文景观布局等规划，还是交通规划、水利规划等专项规划中，都要充分体现出独有的特色，提倡形态多样性，发展有历史记忆、文化脉络、地域风貌、民族特点的美丽城市。要充分挖掘利用当地的自然和文化潜力，建设健康和多样化的人类生活环境，以满足居民的生活需要。生态景观的建设要强调历史文化的延续，突出多样性的人文景观，形成符合实际、各具特色的城镇化发展模式。

建设生态城市还需要将环境保护纳入国民经济与社会发展计划和年度计划，在经济发展中防治环境污染和生态破坏；要严格对建设项目实行环境影响评价和"三同时"制度（建设项目的生产主体工程与防治污染设施同时设计、同时建设、同时投产使用）；要健全环境保护法律、法规和规章，使环境管理沿着法制化和规范化轨道发展；要健全环境管理机构，建立从中央到省、市、县四级政府环境管理机构并依法行使环境管理权利。同时，还要鼓励和支持有条件的企业"走出去"，更好地利用"两个市场、两种资源"，拓宽工业化、现代化和优化资源配置的空间，增强我国经济的国际竞争力。

在水资源利用上，市区要制定政策和开发各种节水技术节约用水，比如将雨、污水分流；在城市建设储蓄雨水的设施；在路面建设上采用不含锌的材料，在下水道口采取隔油措施，并通过湿地等进行自然净化；在郊区保护农田灌溉水，控制农业源污染和禽畜牧场污染；在饮用水源地退耕还林；还可以集中居民用地，从而更有效地建设、利用水处理设施。

在能源使用上，要节约能源，尽量使用节能电器；要开发密封性能好的材料；要开发永续能源和再生能源，充分利用太阳能、风能、水能；要发展电动车和氢气车，使用电力或清洁燃料；市中心和居民区应限制燃油汽车通行；要保留特种车辆的紧急通道；要通过集中城市化、提高货运费用、发展耐用消费品来减少交通需求；要提高交通用地的利用效率；要发展船运和铁路运输等。

在保护绿地方面，要打破城郊界限，扩大城市生态系统的范围，努力增加绿化量，提高城市绿地率、覆盖率和人均绿地面积；要调控好公共绿地均匀度，充分考虑绿地系统规划对城市生态环境和绿地游憩的影响；要合理布局绿地，以减少汽车尾气、烟尘等环境污染；还要考虑生物多样性的保护，为生物栖境和迁移通道预留空间。

在人居环境方面，生态城市规划中要强调社区建设，创造和谐优美的人居环境；生态建筑的设计中要开发利用太阳能，采用自然通风，使用无污染材料，增加居住环境的健康性和舒适性；要减少建筑对自然环境的不利影响，广泛利用屋顶、墙面、广场等立体植被，增加城市氧气产生量；要在区内广场、道路采用生态化的"绿色道路"，如用带孔隙的地砖铺地、孔隙内种植绿草、增加地面透水性、降低地表径流。

第二节 提高政府治理能力和加强对城市发展的引导

一、提高政府治理能力

"城市治理是影响城市福利水平和城市的和力的重要因素。"[①] 中国改革开放后的工业化尝试是由政府根据经济发展的要求而启动的。中国没有照搬任何西方经济学理论，而是按照自己的国情采取了一种务实的态度和一系列渐进的经济改革措施。

中国的改革具有以下几个特点：在保持政治稳定的前提下发展市场经济，利用市场经济的活力带动经济全面发展；改革是从农业领域开始，首先解决温饱问题，为进一步改革和发展打好基础；重点发展消费品制造业来满足人民大众的日常生活需求，提高人民的生活质量；政府大力推进招商引资，搞活经济，学习先进的管理经验；加强地方基础设施建设和公共设施建设，为经济发展创造良好条件；实施国企与私企同

[①] 引自黄小晶著：《城市化进程中的政府行为》，中国财政经济出版社 2006 年版，第 203 页。

时并存的"双轨制",发展多种经济形式,实现优势互补;由政府主导产业升级的政策等。当前,面对工业化、信息化和现代化的多重挑战,中国正面临新的环境和发展形势,所以既要坚持以往的改革措施,也要找到一种新的发展模式,以趋利避害,齐头并进。

应该看到,城市的产生源于经济发展的内在需要,城市的发展同样是伴随经济发展的自然演化的动态结果。改革开放几十年来,市场经济在我国获得了异常迅猛的发展,城镇化发展也取得了巨大成就,这是市场规律和政府管理共同作用的结果。与此同时,存在的一些突出矛盾和问题,也大多与这两方面边界不清、功能错配相关。在城市化的进程中,行政力量只是在短期内、在表象层面起到一定的辅助作用,这是发达国家城市化过程中共有的规律。我国的城市化历程表现出与这种规律的差异,行政力量扮演着远比市场因素更为重要的角色。在城市主导产业的培育上,有时要么定位模糊,要么简单复制。缺乏核心主导产业的支撑也使得有些城市后续发展动力严重不足,导致城市政府治理能力提升缓慢。在城市化这一重要领域,我们仍然没有从根本上摆脱传统体制的影响,计划经济时期形成的城市发展观对一些政府工作人员仍有相当的影响。行政因素在城市规划和城市化道路选择等方面的渗透,使得市场很难真正发挥配置资源的作用,所以政府必须提高治理能力,在发挥市场基础性作用的基础上,综合运用规划、行政、法律等手段,对城市化实行合理有效的宏观调控,走政府引导和市场推动相结合的有中国特色的城市化道路。因此,要推进新型城镇化,必须厘清政府和市场的边界,放管结合,把市场的规律用够,把政府的管理手段用好。城市的规划要把处理好政府与市场的关系作为一条重要原则,要坚持市场主导、政府引导,把该由市场配置资源的角色充分还给市场,政府的作用领域主要界定在空间规划管制、公共服务提供和制度环境营造等方面。

中国的城市化要走新型工业化道路有两大动力,一是内部动力——改革,所以改革要有新突破,最为重要的是使经济制度和经济政策同新型工业化道路的要求相适应。要走新型工业化道路，必须建立新的激励机制；必须推进产权的法治化；必须进一步使科研院所和工业企业具有科技创新的强大动力；必须最大限度地调动一切先进生产力的积极性和创造力；必须使工业企业和相关产业具有采用信息技术的迫切欲望；必须使越来越多的企业和消费者对信息技术和信息产品的需求能力大幅度提高。为此，必须进一步清除仍然存在的体制性障碍，确立按要素分配的方式，把动力建立在保护合法财产和知识产权的基础上；必须适当调整国民收入分配政策，提高劳动者报酬和消费基金在GDP中的比重，消除贫困，把需求建立在有足够支付能力的基础上。二是外部动力——开放，所以开放也要有新局面。目前中国最大的500家外资企业主要集中在电子、交通运输设备、电气机械和食品加工等行业，其中资金技术密集型的企业销售额占这500家企业总销售额的比重很大，并大大推动了我国产业结构的升级。从目前来看，扩大对外开放的重心已经从引进外资转变为与世界经济接轨，这就要求做到四点：一是要通过技术改进和优化重组提高基础产业的国际竞争力；二是完善市场竞争规则，优化企业发展环境和空间；三是促进产权市场化和推进要素的市场化；四是加快与国际资本的产权融合，加强国际话语权，积极参与经济全球化的进程。

在生态城市建设对环保的要求方面，政府的政策滞后，立法不足。我国的环境立法和行政中虽然制定了专门针对环境管理体制的条款，然而其机制还不完善，法律体系的建设也长期滞后于环境保护的实际工作，在环保立法方面更是落后于行政体制改革。这主要有两方面的原因：一方面，环境法律制度还有着行政主导性，缺乏对立法的基础性分析和实证性研究，缺乏体系化的思考和设计；另一方面，我国环境法规制度还不够健全和完善。

保护城市环境必须完善相关的生态法律，这要求以培养和提高公众的生态法律意识为切入点，广泛传播生态知识、法律知识，介绍生态法律规范以及实际适用生态法律规范，使人们形成有关生态保护的价值观，认识人与自然之间相互影响、相互作用、相互制约的关系，形成人与自然协调和谐发展的生态价值观。可以通过生态法律制度规定公民的生态环境权利与义务，明确与维护有利于生态环境保护目标的公民之间各种利益关系，为生态治理和建设过程中引发的矛盾和纠纷提供解决途径。应该使环境资源法律法规适应时代发展的要求，适应构建和谐社会的需要，并与科学发展观相一致，为此要增加法律责任的明确规定，并通过规范性文件使环境资源法律法规具有很强的操作性。

法律政策执行力度不够也是环境管理中存在的问题。我国环境法律制度框架已经基本形成，各环境要素监管主要领域已得到基本覆盖。在综合立法方面，制定了环境保护法、环境影响评价法、清洁生产促进法、循环经济促进法等；在污染防治领域，制定了海洋环境保护法、水污染防治、大气污染防治法、固体废物污染防治法、噪声污染防治法等；在生态保护领域，制定了防沙治沙法、野生动物保护法、水土保持法、自然保护区条例等；在核与辐射安全领域，制定了放射性污染防治法等。但是，我们也应该清醒地看到，长期以来，传统粗放型经济增长方式使全国环境形势依然严峻，污染物排放总量远远超过环境承载能力，一些地区的环境污染还很严重，生态环境恶化的趋势还没有得到有效遏制。人们的可持续发展意识不强、投入不足、执法不严、环境管理能力不强等问题依然严重。依法办事、依法行政落实到环境执法监察上，就是依法管理。依法管理是一个永恒的主题，环境执法向管理要效益，向管理要保障力，构建以人为本、人与自然和谐发展的社会体系，是新时期环境执法应坚持遵循的要则。

政府执法过程中比较突出的一个问题，是违法成本低的问题长期没有得到解决。这既有立法不足的问题，也有行政、执法、司法不到位的问题。一是行政处罚普遍偏轻。环境影响评价法规定，违反环评规定擅自开工建设的，要求限期补办环评手续，逾期不办的才能给予20万元以下的罚款。由于处罚太轻，一些企业为了抢进度，一边开工建设，一边做环评报告，甚至以交罚款代替环评。还有，大气污染防治法对超标排污的罚款上限是10万元，造成重大污染事故的罚款是50万元，水污染防治法对超标排污的罚款为其应缴纳排污费数额的2倍以上5倍以下，造成重大污染事故的罚款仅是污染直接损失的30%以下。可见，当前的问题是现行环境资源法律对企业特别是地方政府没有明显的约束力、威慑力，环保部门缺失必要的环境执法的行政强制权。

就政府的治理手段而言，现行法律规定的行政强制手段主要有"停止建设""停止生产使用""责令限期恢复使用治污设施""责令停业关闭"等，但在基层却难以有效执行。当前，环境案件的执行绝大部分要申请法院执行，法院执行除受司法体制、地方保护主义影响外，还存在执行期限较长、力度不大等问题。案件处理后要等待复议诉讼期满，还要通过法院的立案、审查、听证、裁定等程序，时间跨度长，而法院系统也很少为环境案件运用先予执行等强硬手段，致使违法污染行为得不到及时纠正。追究环境民事赔偿责任对于制裁环境违法行为，保护国家和公众的环境权益具有重要作用，但是由于我国环境民事赔偿相关法律及配套制度不健全，环境民事案件立案难、举证难、审判难、执行难的问题日益凸显。重大环境事件的责任追究多以行政处罚和行政调解结案，通过司法途径追究法律责任的很少。

环境保护监督管理体制不完善也是一个较为突出的问题，有些地方政府部门从自身利益出发，在政策制定和规划上各自为政，相互衔接不够，使生态保护措施执行不到位，再加上分工不够明确合理、多头管理现象突出，执行分工时职能常常越位，加大了生态环境治理的难度，此种情况不利于生态环境的保护。需要明白的是，改变粗放型经济增长方式主要应提高环境门槛，制定严格的环境经济政策，加强综合执法力度，其本质上是调整经济结构，改变经济结构性质，实现经济与环境高度融合，使环境保护不再是经济发展的排斥因素。所以，全面改善城市生态环境质量需要政府部门提高环保意识，既要健全监督管理体制，提高治理水平，又要把公众监督融入环境污染治理工作之中。为此，要严格落实节能减排目标责任制，严把建设项目能耗审核关，推进节能减排目标的落实；要重视环保科研工作和环保技术的开发，充分发挥科技对环境保护和污染治理的作用；要对污染企业加强环保监管，加大对环境违法行为的处罚力度，对违法排污行为"零容忍"；要加快基础设施建设和环保设备的普及应用，提升污染综合治理水平；要建立和完善部门之间的环保协作机制，各方力量共同配合，打造良好的城市生态环境。

另外，一些地方政府有法不依、执法不严、违法不究和进行地方保护，现行环境资源法律缺乏法律原则，对企业特别是地方政府没有明显的约束力、威慑力，环境执法监管滞后，这些因素对环境执法的影响显而易见。

总而言之，要提高政府的治理能力，就要加强执法队伍建设，完善执法监察体系，提高执法能力，建立保障执法的投入机制，特别是国家要赋予职能部门行政强制权。要充分运用现有法律法规，加强和完善地方政府的协调作用，综合运用法律、经济等多种手段，让违法者付出惨重的代价。职能部门需要切实履行统一的监管职责，创造条件配合改革、经济、监察、司法、工商、安监等部门，积极开展执法效能监察，提升执法监察水平。

二、加强对城市发展的引导

未来几十年内，在经济和社会发展的驱动下，中国的城市必然会有较大的发展。城市化并不意味着城市空间的扩大、城市人口的增加和城市设施的完善，而是需要提高城市现代化水平，让城市居民享受现代化带来的成果，不断提高城市居住环境质量，使社会稳定有序。城市化比任何单个产品和单项经济指标都要复杂百倍，它涉及人口布局、资源配置、环境、社会等各个方面。行政引导和规划要发挥的作用是城市化所必需的，但主要应体现在，集中各方面的优秀人才，根据历史、现状和将来，制定科学的城市规划，搞好综合平衡，准确定位城市功能，保持城市特色。

城市化进程是一个复合型过程，涉及经济、社会和制度的方方面面，加快城市化进程，提高城市化质量，保障城市化进程的推进和经济社会发展相衔接是当前工作的重中之重。从城镇化率的明显提高到城镇化质量的显著优化将是一个不断完善的过程。中国"严格控制大城市规模、合理发展中等城市和小城市"的现行城市发展方针是在优先发展重工业的战略与一系列分割城乡的政策和制度的基础上逐渐形成的，是计划经济的产物。在新的发展阶段，在推进城市化进程时不仅要关注调控量的增加，更要注重质的提升。这就要求稳步推进城镇公共服务对常住人口的全覆盖，不断提高人口素质，促进人的全面发展和社会的公平正义，使全体居民共享城市化、现代化发展成果。此外，在新的科技格局和形势下，如何使移动互联网既成为网络管道，又成为城市生活的触发点，需要考虑多种变量。现在"互联网+"众多行业的环境已经很成熟，它将引导传统产业的升级换代，并重新利用原有的产业实现再升级，政府应该考虑如何在此形势下引导城市的发展。

进入工业化后期，我国城市化对工业增长的拉动力量变得十分重要，如果能够通过城市化使农村居民达到城市居民的消费水平，将创造巨大的消费增量。虽然这些年我们在城市化推进中出现了这样那样的问题，但推进城市化的重要意义不可低估，所以要重视城市化进程的推进对经济增长和社会进步的作用。在推进城市化进程中，要坚持以人为本的新型城市化战略，提高城市化质量。关键要坚持市场主导，鼓励和支持各种所有制企业根据市场需求公平进入、发展生产性服务业。市场机制是推进城市化的基本动力机制，我们不仅要继续借助工业化推进城市化，更要积极推进传统体制改革，建立城市化发展新机制。推动城市化的动力机制很多，既有政府行政的推动力量，也有企业、个人的能动力量，要动员企业、个人等多方面力量参与城市建设，加快城市化的进程。同时，也要更好地发挥政府作用，从深化改革开放、完善财税政策、强化金融创新、有效供给土地、健全价格机制和加强基础工作等方面，为制造业服务化创造良好环境，最大限度地激发企业和市场活力。走政府引导和市场推动相结合的有中国特色的城市化道路，要适应经济全球化和我国加入WTO的新形势，在更大范围、更广领域、更高层次积极参与国际经济技术合作和竞争，全面提高我国对外开放水平。所以，需要根据国际、国内新形势的需要进行适当的调整，以利于实现我国城市化的发展，从而促进我国经济的全面发展。其中，政府转变城市管理思路也是一个重要的推动因素，政府必须在发挥市场基础性作用的基础上，综合运用规划、行政、法律等手段，对城市化实行合理有效的宏观调控，以弥补城市化中市场竞争的缺陷。

中国城镇化正处于快速发展阶段，但是这其中困难重重、情势严峻，特别是我国人口多，底子薄，耕地相对不足，劳动力素质偏低，这些对实现城镇发展方式的转变是很大的制约。为此，我们必须找出一条适合我国城镇化的道路，资源节约、环境友好是我国在众多约束条件下的必然选择，也是实现城乡和谐稳定发展的必由之路。一般来说，工业化是创造供给，城镇化是创造需求。城镇化是扩大内需、拉动增长的动力，城镇化带来消费需求的大幅增加，还要求建设庞大的基础设施、公共服务设施以及住房等，所以城镇化成为经济增长的重要引擎。积极稳妥地推进城镇化和城镇发展，优化资源配置，调整经济结构，是国民经济又好又快发展的重要基础。我国应从全面建设小康社会全局的高度，统筹城镇化和新农村建设，按照国家区域发展总体战略，坚持因地制宜，加强对不同地区城镇化的分类指导，促进城镇化与区域的经济发展水平相适应，与区域的人口资源环境条件相协调。要继续发挥市场在推进城镇化进程中的基础性作用，加强各级政府对城乡空间的规划管理，把资源节约和环境保护放在城镇化发展的重要战略地位，突出节地、节能、节水、节材，促进城镇的可持续发展。

中国地域广阔、人口众多，各省各地之间的差异明显，城镇化应因地制宜，大、中、小城市并存发展。当前，特别要大力发展那些劳动力吸纳程度高、产业发展多元化并有地方特色、房价不高的二三线城市。城市化速度要遵循经济发展规律和资源环境的承载能力，如果地区经济发展快，城市化速度可加快些。伴随着东部地区产业的转移和中西部地区区域发展战略的展开，中西部地区也要加快城镇化发展。从更长期的角度来看，中西部地区城镇化的发展能够为我国经济发展创造更多更大的发展空间和回旋余地。

我国区域差异大，不同地区城镇化条件、发展水平和发展阶段不同，要根据各地经济社会发展水平、区位特点、资源禀赋和环境基础，合理确定各地城镇化发展的目标，因地制宜地制定城镇化战略及相关政策措施，促进城镇化与区域的经济发展水平相适应，与区域的人口资源环境条件相协调。总的来说，东部地区要重点提升中心城市服务功能，加快城市群建设，促进产业结构升级和内部分工，加快生态环保工程建设，着重提高城镇化质量，起到经济发展龙头的作用；中部地区要完善中心城市功能，提高综合承载能力，发挥区域性功能，大力提高中心城镇的综合服务水平，促进人口有序转移和聚集，重点建设粮食、能源、装备制造业基地和综合交通枢纽工程；西部地区要根据地广人稀的特点，围绕具有区域优势的大中城市，进一步增强人口聚集能力，同时要扶持为旅游、内陆边贸服务的特色城镇发展，并加大对边远山区、革命老区发展的扶持力度；东北地区要依据城市集中、城区老化的特点，加快城市基础设施更新改造，积极推动城市产业结构调整和产业升级，注重资源枯竭型城市、老工业基地城市和国有农场地区城镇的建设，促进城镇发展转型。

第三节　增强现代市民意识

一、城市发展要求普遍提高人们的现代文明意识

工业革命以来，城市化水平不断提高，人们能够享受到更多的物质文明，但对物质文明的崇拜也造成社会物质欲求与精神追求的分裂，使人类文明的发展产生了价值性困惑。社会因素的复杂多变也使得很多人很难弄清甚至开始怀疑生活的最终意义，因此所谓的"意义失落"成为许多社会成员普遍存在的精神现象。这说明城市不仅是一个自然环境的实体，还是一个社会文化环境的实体，社会文化环境相对自然环境而言，是一种更复杂的环境，它涉及到社会秩序、社会保障体系、社会公共生活等诸多方面，因此要想解决困惑，就必须提高人们的现代文明意识。

生态意识就是一种反映人与自然环境和谐相处的新的价值观，是现代社会人类文明的重要标志。生态意识是生态理论体系的重要内容，在生态文明建设过程中，如果缺乏生态意识的支撑，生态文明观念淡薄，生态环境恶化的趋势就不能从根本上得到遏止，当前日益恶化的生态环境急切地呼唤人们提高生态意识。生态意识作为一种科学意识，是生态科学知识的积淀与升华，它的发展同生态科学的成熟及其向整个科学技术领域的渗透相伴随，就是要用生态科学的眼光审视自然、指导实践。生态意识注重维护社会发展的生态基础，强调从生态价值的角度审视人与自然的关系和人生目的。生态意识包括生态价值意识、生态忧患意识、生态责任意识。生态价值意识即生态价值观念，指人们在实践和认识活动中形成的对地球生态环境的价值评价、价值取向；生态忧患意识是人类面对日益严重的生态危机而萌生的对自己前途命运的思考和认

识；生态责任意识是指每一个人对生态保护均负有责任。公民对生态保护的责任，一方面是指他们有责任使生态不受破坏，自觉限制各种破坏生态的行为；另一方面是指他们有责任进行生态建设，自觉从事各种有益于生态发展的活动。

生态意识在生活中体现在人们的生态道德上，生态道德意识是人与自然之间道德关系的要求和体现，它把人与自然的关系纳入到道德关怀的范畴，自觉承担起对自然环境的道德责任，体现了人类道德进步的新境界，也体现了人类自我完善的过程。是否具有良好的生态道德意识，是衡量一个国家和民族文明程度的重要标志，也是社会文明程度的重要体现。与此相反，物质主义的快乐消费培养起来的情感就是冷漠地忘记一切后果，忘记自身可能承担的社会责任与道德伦理，而市民环保道德意识的缺失体现在市民责任意识的淡薄上。当前是一个积累财富的技术化时代，满足了人们可以追求过度消费的愿望，在体验物质主义的条件下，人们可以随心所欲地消耗自然给予的一切。为了保证一种生活的品质与质量，人们可以利用全球化的资源去创造他们的财富，用破坏环境和耗费资源来满足自身的享受已成为当前世界消费的潮流，而这正是全球化过程中最致命的经济生产方式。一切追求奢华消费理念与时尚的行为背后，都是自然环境的破坏和资源的枯竭。市民危机意识的不足往往是环保意识缺失的重要原因，生态忧患意识是人类面对日益严重的生态危机而萌生的对自己前途命运的思考和认识，对于人类来说，最可悲、最可怕的不是遇到了生态危机，而是缺乏对生态危机的觉察，大难临头却不知不觉甚至盲目乐观，而只有觉察到潜在的生态危机，才有可能缓解和彻底消除生态危机。

可以说，生态文明是人类文明的一种形态，它以尊重和维护自然为前提，以人与人、人与自然、人与社会和谐共生为宗旨，以建立可持续的生产方式和消费方式为内涵，以引导人们走上持续、和谐的发展道路为着眼点。生态文明强调人的自觉与自律，强调人与自然环境的相互依存、相互促进、共处共融，既追求人与生态的和谐，也追求人与人的和谐，而且人与人的和谐是人与自然和谐的前提。人类应当提高自己对自然以及生态的认识，强化自身素质，通过合理有效的手段维护自然环境，让子孙后代也能享受绿色的文明和健康的生态。另外，人也是一种动物，是自然过程的一部分，是地球进化运动的产物。从生物种群的角度看，人与其他生物之间是完全平等的，任何生命都具有同样的尊严和同样的价值。人与自然之间应当是和谐平等的关系，而不应当是掠夺和被掠夺的关系，更不应当是征服与被征服的关系。自然环境与人类的命运息息相关，人类必须重新审视人与自然之间的关系，必须转变观念，尊重自然，保护自然，唯有如此，才能拯救地球，才能继续人类自身的发展。生态环境的特殊地位决定了保护生态环境具有公众性，它要求生活在地球上的每个人都应通过自己的日常行为来保护环境，不破坏、不浪费各种资源，如减少甚至不使用会造成白色污染的塑料袋、不乱扔废弃物、爱护花草树木、保护珍稀动植物等。然而，在具体实施和操作中，许多环节却出现了各种问题。

城市要发展，生态环境的恢复和建设必须先行，城市生态环境的建设和保护既是环境保护的中心环节，也是当前经济发展的基础和中心环节。环境保护与城市发展有着密切关系，是经济、社会发展及稳定的基础，又是重要的制约因素。当前，环境污染已成为阻碍城市经济社会可持续发展、威胁人民群众身体健康的关键问题。国家虽然出台了各种关于环保的法律、法令，制定了一系列相关政策，但是国家的环境保护部门和教育部门尚未携起手来有效地落实强化环境伦理道德的研究和教育的任务，环境伦理研究者和教育工作者没有充分重视道德教育理论与实践研究，没有为不同层次与类型的教育提供环境道德科学内容和有效的方法设计。但是，社会的发展和进步、国民经济的可持续发展却要求维护生态环境等公共资源的权益，唯其如此，才能真正实现又好又快的发展，把我国建设成为一个民主、文明、发达的国家。

二、树立现代市民意识，建设城市生态文明

新型生态城市建设的核心思想是以人为基础，以信息技术为先导，以资本为后盾，以体系和能力的建设推动城市全面升级。这不仅强调以信息技术为核心的智慧城市的重要性，同时重视包括人的发展和生态环境保护在内的城市全局发展。

从信息技术的利用来看，现代城市建设要立足长远，首先应以人为中心，只有强调尊重人、解放人、依靠人，洞察人的需求、人的存在、人的情怀，才能赋予信息技术以人文价值，延续信息技术的生命活力。因此，要强化人与信息技术的互动，在建设中首先要考虑公众的感受，公众感受的确立很大程度上体现了互联网思维和用户思维，应从用户感知、用户便捷的角度落实城市建设。同时，也要充分开发利用人的智慧，只有紧紧围绕人的实际需求，支撑智慧城市建设的现代信息技术应用才能更好地发挥作用，实现城市的智慧化运行。未来城市不仅是物物相连的智能技术，更要致力于实现城市主体与市民大众的合作互动。

我国改革开放几十年来，农村人口大量涌入城市就业，促进了城市的发展，也改善了自身的生活条件，同时也推动了城市教育、医疗、住房的建设和发展。衡量城镇化水平的标志是城镇常驻人口，城镇化水平是衡量一个国家和一个地区社会经济发展水平的重要标志。据国家统计局最新发布的数据显示，2017年末我国城镇常住人口为8亿1347万人，比上年末增加2049万人，城镇常驻人口数量高居全球第一，城镇化率达58.52%。[1] 从国际视野来看，成功的城镇化既是市场主导、自然发展的过程，又是政府引导、科学发展的过程。一方面，要充分发挥市场配置资源的决定性作用，不能违背市场规律，以简单的行政方式管理；

---

[1] 摘自《2018中国统计年鉴》，中国统计出版社2018年版，第93页。

另一方面,城镇化又涉及到自然资源、生态环境、公用事业、社会管理等诸多领域,存在市场失灵的情况,还需要更好地发挥政府作用。所谓以人为本,就是要让全体人民共享城镇化发展成果,就是要改变我国过去"投资"驱动的城镇化模式,将城市化发展转移到关注服务上来;就是要统筹协调,避免人才、资金、信息等资源过度向大城市集中,合理布局,加快城镇群发展;就是要充分吸取过度重视工业发展而忽视市民生活环境的教训,注意环境保护。

为了加强生态城市建设,中国的城镇化应该摒弃过去那种单纯依靠房地产开发,不顾城市资源和环境承受力的粗放式特征,代之以科技含量高、资源消耗低、环境污染少、就业机会多的新型城镇化发展方式。城市环境保护需要把转变经济发展方式和对经济结构进行战略性调整作为推进经济可持续发展的重大决策,所以要调整需求结构,把国民经济增长更多地建立在扩大内需的基础上,同时要调整产业结构,更快地发展现代制造业以及第三产业;更重要的是要调整要素投入结构,使整个国民经济增长不单纯依赖物质要素的投入,而是转向依靠科技进步、劳动者的素质提高和管理的创新上来。加快新型城镇化会让更多的农村居民转化为城镇居民,新型农业现代化发展才能有空间。推进新型农村社区建设,提高土地利用效率,新型工业化发展才能有保障。推动城镇基础设施和公共服务向农村延伸,城乡才能有效统筹,农村发展才能和谐。

另外,可持续发展的战略要求十分强调城市生态环境的可持续性,并把生态环境的保护和建设作为实现可持续发展的重要内容和衡量发展质量、发展水平的主要标准之一。现代经济、社会的发展越来越依赖环境系统的支撑,没有良好的环境作为保障,就不可能实现可持续发展。良好的生态环境是实现经济社会可持续发展的基础,是全面建设小康社会、构建社会主义和谐社会的重要内容。因此,要实现可持续发展,首先必须调整需求理念,建构合理的消费观念和消费模式,这是实现可持续发展的前提；其次，必须树立正确的利益观念，调整、规范和优化利益关系和利益结构，这是实现可持续发展的关键；最后，必须不断提高素质能力，这是实现可持续发展的根本所在。

现代生态城市建设的关键就是以人为本，推动城市化可持续发展，所以公众参与是解决环境保护和城市发展问题不可替代的力量。除了政府"自上而下"的推动和引导外，国际先进经验表明，环境保护还必须依赖公众"自下而上"的参与。再有，在一定意义上，公众监督是政府监督的补充和延续，公众监督不仅可以强化对污染企业的环境监督，弥补政府监管力量的不足，同时还可以监督政府工作，使其认真地履责。我国应当从现行的政府主导型的环境管理模式向包括政府、企业、公众和社会组织在内的主体多元化合作的监管模式转变，要广泛开展环境宣传教育，多形式、多方位、多层面地宣传环境保护知识、政策和法律法规，弘扬环境文化，倡导生态文明，营造全社会关心、支持、参与环境保护的文化氛围；要加强对领导干部、重点企业负责人的环保培训，提高其依法行政和守法经营的意识；要将环境保护列入素质教育的重要内容，强化青少年环境基础教育；要开展全民环保科普宣传，提高全民保护环境的自觉性。城市活动的最终主体是人，强调人人参与，普及对各层次、各行业市民的环境教育是创建生态城市的重要保障，也是生态城市规划的一个重要方面。

三、提倡文明新观念

冷战结束后，意识形态的竞争让位于经济发展实力的竞争，各国把注意力重点放在了经济建设上，使经济呈现全球一体化趋势。这集中表现在：市场全球化，即需求市场向全球的任何企业和自然人开放，且企业与自然人有可能在全球范围内寻求自己的市场；资源配置全球化，即人们在选择配置资源时，再也不局限在自己的国家和地区，而是可以运用自己的实力和嗅觉，在全球范围内选配自己所认可的各类资源，从而提升自己的配置效率；竞争规则的国际化，最显而易见的就是绝大多数国家加入了世界贸易组织（WTO），并承认和运用其竞争规则。由于人们在抢夺市场、占有资源方面的能力不同，以及在国际经济组织中的实质性地位不同，经济全球化给各国和集团带来的利益影响也不尽相同，有些国家资源更加匮乏，经济发展与资源短缺的矛盾更加突出。

我国的社会经济发展已经进入一个新的阶段，城市发展也必然受到经济全球化、新技术革命、构建和谐社会等因素的影响。在这样的背景下，要想逐步解决我国城市化滞后于工业化的问题，必须从城市发展的本身去确定发展的目标，提倡城市文明的新观念，赋予城市化新的内涵，构建一条符合科学发展观的城市化道路。

影响当今经济和社会发展的文明新观念包括"新经济"观念、生态道德观念和绿色消费观念。

发展"新经济"，即发展知识经济和循环经济，是当代国际社会的一大共识。所谓新经济，是指一种建立在信息技术革命和制度创新基础上的，经济持续增长与低通货膨胀率、低失业率并存，经济周期的阶段性特征明显淡化的新的经济现象。"新经济"一词最早出现于美国《商业周刊》1996年12月30日发表的一组文章中，是指在经济全球化背景下，信息技术（IT）革命以及由信息技术革命带动的、以高新科技产业为龙头的经济。新经济是以现代科学技术为核心，建立在知识和信息的生产、分配和使用之上的经济。新经济也是信息化带来的经济文化成果，是基于知识经济的全球化经济，因此新经济的基本特征是高技术化和全球化。新经济具有低失业、低通货膨胀、低财政赤字、高增长的特点，追求的是"持续、快速、健康"发展的经济。当下的新经济推动了两种趋势的发展，第一种趋势是经济的全球化，第二种趋势是信息技术革命为经济和社会的发展带来新增长点。

新经济的主要标志是生产生活信息化和网络技术及应用的飞速发

展。自20世纪70年代以来，计算机、互联网和光纤的出现使整个世界进入信息化时代，人们可以在世界的任何一个地方了解到其他地方在任何瞬间发生的事件，且这种沟通的手段和方法越来越简洁。传统的交通运输业也有长足进步，高速公路、高速铁路得到飞速发展，空中运输日益普及，再也不是种奢侈享受，并且实物传输的速度和规模大大地提升了。由此可以看出，新经济和传统经济有一些明显不同的特征，表现在：两者经济主体交往不同，新经济更趋向全球一体化；两者交换方式不同，新经济是以电子商务为主要交换手段；两者生产方式不同，新经济以集约型特点为主；两者增长动力不同，新经济以高科技、信息化为增长原动力；对新经济而言，资源是共享的，对人类供给是无限的。

生态道德意识是人与自然之间道德关系的要求和体现，要求把人与自然的关系纳入道德关怀，自觉承担起对自然环境的道德责任，这体现了人类道德进步的新境界，体现了人类自我完善的新发展。是否具有良好的生态道德意识，是衡量一个国家和民族文明程度的重要标志，也是社会文明程度的重要体现。生态道德意识源于生态价值意识，生态价值意识是人们在实践和认识活动中形成的对自然生态环境的价值评价、价值取向。人们在长期与周围环境的接触中认识自然和改造自然，逐渐产生了关于生态环境的意义、好坏、利害关系等的观点和看法，从而形成了关于生态价值的观念。

现阶段，很多人在生态价值意识上还缺乏积极的道德意识观念，生活追求偏狭，单纯追求物质的丰富与满足，忽视环境保护，沉迷于物质享乐，成为典型的"物质主义"者，这是环境恶化的人为因素。"物质主义"根据牛津字典的解释为："全心沉迷于追求物质的需求与欲望，导致忽视精神层面的生活方式，对物质的兴趣完全表现在生活方式、意见及行为上。"而根据上述解释，物质主义者可以定义为：全心沉迷于追求物质的需求与欲望，导致忽视精神层面的生活方式，所以可以把对物质的兴趣完全表现在生活方式、意见及行为上的人称为物质主义者。

物质主义是人群中一种常见的生活价值观，物质主义者将物质占有视为其人生的重心，并由消费行为来获得生活上的满足。因此，对物质主义者而言，财物及其获得是个人的首要目标，是生活方式的一种。物质主义者对财物和其获得的评价往往高于人们所从事的其他事物和活动，所以能够达到物质获得就是他们的价值认知。总之，对物质主义者而言，财物及其获得是他们个人的首要目标，成为其基本的生活方式。

在一种社会文化中，大部分人把追求物质的理由定义为传统上经济学者所谓的非功能性时，即为物质消费主义文化。在物质消费主义文化环境里，人们肯定物质时代提供的商品能在全球化市场上被交易、消费，人们只关注商品被直接消费的感受与效果，并不关心商品的回收和对环境产生的污染，以及过度消费对整个生态平衡的影响。这种物质消费主义至上是当代社会很多人所遵循的基本理念，过度消耗超过个人实际能力需求的商品，是现代国际社会通行的物质消费主义的生活态度，其中也当然隐含或者说包装着另一种追求生活品质与质量的噱头。在过度消费的喧哗世界中，商品世界提供的享受与占有让人们沉沦其中而难以自拔，人们无力摆脱受商品化时尚控制的情绪化表达与影响，因而一次次被商品化的时尚消费浪潮所淹没。可见，超过个人实际消费能力，追求过度消费，是物质消费主义在全球化过程中最显著的特点。物质消费主义大量消耗生态资源和以破坏环境为前提的生活方式已成为很大一部分人的生活基本模式，它造就了一个消费黑洞，消耗着人类耗费大量资源所积累起来的社会财富。如果人们再不关心后代人的生存环境，人类的物质消费主义文化就是走在歧路上的，这种在全球化时代蔓延的物质消费主义思潮带来的问题更是难以估量的。

因此，生态文明建设要求我们必须大力培育公民的生态道德意识，使人们对生态环境的被动保护转化为自觉的意识和行动，为生态文明的发展奠定坚实的基础。根据我国的国情及居民的实际情况，可以通过一系列有效的手段，使城市居民树立正确的生态道德意识，这是生态文明建设的根本路径。生态环境的保护有赖于全体城市居民思想观念和行为方式的根本转变，也有赖于广大城市民众的共同参与。为此，必须坚定不移地实施可持续发展战略，在发展经济的同时注意控制人口、优化环境和保护资源，坚定不移地搞好环境保护，为公民生态意识的提高创造外部条件，发挥示范作用。我们还要从环境理论、人类可持续发展的高度使人们了解奢侈、浪费的危害性，自觉控制自己的行为，合理节制自己的欲望，自觉树立人与自然界生态协调、同整个人类生存空间和谐相处的可持续发展的新消费观念。

为了普及生态道德意识，必须在公众中广泛宣传有关知识，使其真正认识到环境保护是发展经济、造福子孙后代的长期战略任务，以及环境保护对今世和后代的战略意义，并牢固树立"保护环境，人人有责"的思想；还要坚持不懈地利用多种形式开展生态环境保护的宣传教育，普及环境科学和环境法律知识，提高全民族的环境意识和环境法制观念，树立"保护环境，人人有责"的社会风尚；要充分利用电视、广播、网络等媒体揭露和批评对环境的破坏行为，鼓励和表扬保护行为，鼓励公众对破坏现象进行监督，在全社会掀起保护环境运动；必须建立和完善环境保护教育机制，要尽快在各级学校普及保护环境的教育，不仅可以在中小学生的课本中设置相应内容，从小培养保护意识，还可以通过成人教育和大学教育培养专门的技术方面人才，把生态道德教育贯穿于国民教育的全过程，帮助公民树立正确的生态价值观和道德观；必须注重生态消费精神的积淀培养，以培养和造就素质高、有涵养、能力强的理性消费公民为目标，优化消费环境，使不同阶层消费者的消费观念和消费行为趋于生态化、科学化和人性化。

绿色消费是指在消费活动中，不仅要保证我们当代人的消费需求、安全和健康，还要满足后代人的消费需求、安全和健康。要做到绿色消费，就要先了解消费观念的概念，它是指人们对待其可支配收入的态度以及对商品价值的取向，是消费者在进行或准备进行消费活动时对消对象、消费方式、消费过程、消费趋势的认识与价值判断。消费观念的形成是与生产力、社会、文化的发展水平相适应的，随着生产力的发展和社会的进步，人的消费动机日益呈现出多元化的趋势，经济发展和社会进步使人们逐渐摒弃了自给自足的传统消费观念，代之以节约时间、注重效益、注重获得精神满足等新型消费观念。在日常生活中，不少人追求奢侈豪华，追逐新奇的、高档的、名牌的商品，关注那些商品的社会象征意义，形成浮华的风气，刺激人们去超前消费和过度消费。

绿色消费是一种符合现代生态道德伦理的科学的消费方式，它传承先进文化，倡导合理、有目的、有节制的消费观念。绿色消费与转变经济发展方式、坚持科学发展的现实需要相契合，是生态文明建设和经济社会可持续发展的重要组成部分，不仅可以更好地解决环境问题，而且可以促进产业结构的升级优化，带动绿色产业的发展，形成生产与消费的良性循环。国际上对"绿色"的理解通常包括生命、节能、环保三个方面。一般来说，绿色消费也包含三层含义：一是倡导消费者在消费时选择未被污染的和有助于健康的绿色产品；二是在消费过程中注重对垃圾等废弃物的处置，以不造成环境污染为基本原则；三是引导消费者转变传统的消费观念，崇尚自然和追求身心健康，在追求生活舒适的同时，注重环境保护和节约资源及能源，实现经济社会可持续发展。

绿色消费的新消费观念就是要走出传统观念中"拼命工作、拼命消费"的误区，提倡物质的适度消费和有层次的消费。在消费过程中，要同时考虑到废弃物的"资源化"，即回收与再利用，建立起循环生产和消费的观念。绿色消费倡导消费者在选择未被污染或有助于健康的绿色产品的同时，也注重对垃圾的处置，力争不造成环境污染，并且希望这种消费方式能够引导消费者转变消费观念，崇尚自然，追求健康，注重环保，节约资源和能源。节俭消费则会减少资源索取和环境污染，有利于环境保护，对充实精神生活、提高精神境界也是有好处的。减少能耗和污染排放，倡导绿色生活，是每一个市民的共同责任，每个家庭、每个市民都要充分认识到绿色消费对环境保护、可持续发展的重要作用，从现在做起，从身边小事做起，让绿色消费贯穿日常生活的方方面面，以主人翁的责任感和使命感保护好我们赖以生存的这方热土，共同建设绿色家园。环境保护是一项功在当代、惠及千秋的重要事业，绿色消费是和谐发展、科学健康的现代生活理念，现代社会只有实现合理消费、绿色消费，才能努力实现社会和谐，实现可持续发展。

第四节 促进人口数量稳定和结构协调

一、促进人口数量稳定

人口规模与城市发展有着不同的组合特点，人口增长即会带来规模效益，也会产生规模成本，所以城市应着眼于人口数量稳定，不断推动规模收益最大化，规模成本最小化，从而更好地发展。

马尔萨斯于1798年发表的《人口原理》对各国政府认识人口问题和制定人口政策曾经产生过很大影响，其主要观点是：认为食欲与情欲为人类之必需，任何力量都改变不了；人口按几何级数增加，生活资料则按算术级数增长，"人口必然总是被压低至生活资料的水平"；[①] 因此可用晚婚晚育甚至不婚不育等"预防抑制"措施予以调控，否则人口增长要受到饥荒、疾病、战争的"积极抑制"。马尔萨斯以此理论著称于世，被誉为"近代人口思想奠基人"。但马尔萨斯的理论很难解释后工业化社会的现实情况，即人口增长缓慢和人口结构比例失调的问题，并且这个问题也困扰着很多发达国家。

二战后，全球人口数量曾平均每年增长2%左右，但到20世纪90

[①] 引自［英］马尔萨斯，丁伟译：《人口原理》，敦煌文艺出版社2007年版，第10页。

年代以后，全球人口增长放缓到 1% 左右，日本、意大利和德国等国劳动力人口已开始下降。而到了 2010 年，最大的 20 个发展中国家经济体中，只有沙特和尼日利亚的人口增长率在 2% 以上，中国和印度这两个人口超级大国都面临人口增长放缓的问题。现在发达国家的总和生育率已经下降到 1.6，大大低于 2.1 的生育更替水平。[①] 在世界人口出生率最低的 25 个国家中，22 个为欧洲发达国家，欧洲已有 18 个国家的人口出现了负增长。其中最严重的是俄罗斯，俄罗斯如今是世界上人口减少速度最快的国家，总人口现已降到 1.42 亿左右，每年净减少人口几十万。

由此可见，马尔萨斯的思想虽曾经影响了很多国家的人口政策，但在实践中人们发现了这一理论的片面性，并开始以政策引导来促进人口问题的解决。根据联合国的数据，2015 年发达国家中有 70% 开始贯彻鼓励生育的政策，而 20 年前这一比例只有 30%。如何鼓励生育是政策制定者面临的新问题。

法国人口有长时期增长缓慢的历史，历届政府都实行鼓励生育的政策，并颁布了家庭法，鼓励生育。具体措施包括：对多子女的家庭，按子女数给予累进的物质奖励和补助，减轻其经济负担；孕妇在产期前即可领取津贴，产后可享受长期带工资的产假；多子女的家庭还可以优先获得各项社会福利待遇，保持生活稳定；对于人工流产，则通过法律加以一定限制，以增加新生儿数量。

德国也实行鼓励生育的政策，具体措施包括：关心少年儿童的养育，并采取积极有效的措施给予养育家庭帮助；产妇可领取 8 个月以内的产期补贴，以弥补收入的减少；资助经济上困难的孕妇，以防止因生活问题而造成人工流产；帮助有子女的家庭解决就业问题等。

---

① 更替水平是指生育的女孩数量与母亲数量相等时，每个妇女需要生育的孩子数量。更替水平是 2.1 而不是 2 的原因在于，出生人口性别往往是男孩多于女孩，要想生出和上一代母亲数量相同的女孩，生育的孩子数量必须多于 2 个。

瑞典政府支持家庭生育计划活动，同时推行各种有利于提高生育率的措施，具体包括：给产妇和儿童一定的津贴；产妇分娩费用由国家支付；免费供应在校学生的膳食，减轻家庭培养负担；对多子女家庭给予优惠待遇，如减免税等；同时以法律的形式限制人工流产；另外还采取物质奖励的办法，鼓励人口迁往北部人口稀少地区。类似瑞典情况的西、北欧发达国家还有奥地利、比利时、挪威、芬兰等。

美国本来没有制定明确的人口政策，法律对人工流产的限制也较宽。20世纪60年代末70年代初，其逐步转变为倾向于控制人口增长的政策，有关措施都使人口增长受到限制，最终目的是要实现静止人口。美国对国内迁移不加限制，早期对国际移民入境也采取鼓励的政策，但20世纪20年代以后实行有选择的限制政策，规定了每年入境移民的限额。

日本历史上一贯奉行鼓励人口增加的政策，但第二次世界大战后，法律上曾以保护妇女和儿童健康为理由，放宽对人工流产的限制。总的来看，日本过去抑制生育的人口政策比较成功，在很大程度上促成了日本生育率的下降。但生育率过低后，日本政府试图采取一些鼓励生育的措施，如"父母休假法""新天使计划"等提高生育水平，却似乎并不成功，日本至今仍属于世界上超低生育水平国家。

韩国在20世纪60年初开始控制人口，提倡一对夫妇生育两个孩子。1964年之后，韩国开展了大范围的计划生育活动，通过各种途径推广和鼓励人们采用避孕方法，生育率随之下降到1995年的1.65。基于人口数量的持续下降，韩国政府于1996年取消了控制人口出生的政策，并针对结婚、生育、子女养育等环节制定了奖励政策。为了提高生育率，韩国政府提出了新的鼓励生育的口号："爸爸，我一个人很孤独，我要弟弟和妹妹！""两个孩子比一个孩子好，三个孩子比两个孩子好。"而且，韩国政府还鼓励以前结扎的育龄夫妇做输卵管和输精管复通手术，并为他们生育第三个或者第四个孩子提供照料。

新加坡在1960年开始推行"两个就够了"的计划生育政策，致使生育率急剧下降，从1963年的5.01下降到1977年的1.82。当总和生育率低于更替水平持续了10年后，也就是到20世纪80年代中期，新加坡政府对原先的计划生育政策进行检讨，取消了"两个就够了"的计划生育政策，并采取鼓励国人多生孩子的措施。

2017年初，中国国务院印发了《国家人口发展规划（2016—2030年）》，国家卫生计生委公布了《"十三五"全国计划生育事业发展规划》。这两个人口发展规划都表明，中国计划生育政策完成了由"控制总量"到"调整结构"的转变。

总的来说，人口政策是一个很复杂的问题，即便是政府政策，也不可能只是放开生育、鼓励生育、生育补贴这么简单，鼓励家庭养育孩子，需要政府、社会和家庭共同努力。

二、保持人口结构协调

中国是世界上控制人口数量增长最成功的国家之一，其措施主要是严格的计划生育政策。实施计划生育政策30多年来，中国大约少生了4亿人口，其人口占世界的比重从改革开放初期的22%下降至2017年的18%。第六次人口普查的结果显示，中国人口年平均增长率已降低到0.57%，这标志着中国进入了低生育水平时期，人口过快增长的问题已经得到根本缓解。中国经济高速增长曾得益于人口政策的成功实施，目前已成功实现从低收入国家向中等收入国家的转变，但21世纪以来中国开始面临人口结构比例失调的问题，并且随着时间的推移而越显严重。

中国当前的人口危机不是数量方面的，而是结构方面的。人口结构主要是指人口的年龄结构、性别结构。从年龄结构来说，中国正面临世界上最严重的人口老龄化危机。不论按60岁还是按65岁标准，根据国家统计局的数据，中国已在1999年10月进入老龄化社会。以1.3的生育率对未来进行推算，2020年时60岁以上人口为19%，65岁以上人口为13%，而到2040年，假设中国人均寿命是目前日本人的水平，届时中国60岁以上人口将超过35%，65岁以上人口将超过28%。按1.8总和生育率计算，2040年60岁以上人口在31%，65岁以上人口在25%左右。在性别结构方面，中国出生婴儿性别比失衡的程度已经很严重，长时期、高程度的新生儿性别比例失调是中国特有的人口问题。性别比失调的直接后果就是婚姻的不匹配。据人口普查数据推算，到2020年前后，中国将有11276万25岁到35岁的男青年，而对应的适宜婚配的20岁到30岁的女青年只有7206万，这个差正好是4000万左右。

再有，一个国家经济发展潜力的一项重要指标是赡养比例，也就是退休老人与劳动力人口之比。中国2010年经济增速见顶，之后中国人口结构的赡养比率也开始从1/3（一个老人三人赡养）开始攀升。如果赡养比率快速上升，不仅社保将面临巨大缺口，整个经济发展的活力也可能出现问题。中国的这种人口危机，不仅会制约经济和社会的发展，而且会危及国家安全，所以为了缓解人口危机，有必要调整现行的人口政策。

2015年10月29日，中共十八届中央委员会第五次全体会议公报提出："促进人口均衡发展，坚持计划生育的基本国策，完善人口发展战略，全面实施一对夫妇可生育两个孩子的政策，积极开展应对人口老龄化行动。"2016年1月1日，"全面二孩"政策落地实施。2016年的新生儿数量比上年增加130多万，达到1780万，创造了20年来最大的年增长率，总人口增长率5.86‰，创下近10年的新高，其中二孩及以上占出生人口比重超45%。但中国的生育率离正常的人口世代更替的水平仍然很远，国家统计局发布的《中国统计年鉴2016》数据显示：2015年的总和生育率（每个育龄妇女平均的生育子女数）仅为1.047，这一数据甚至不及人口世代更替水平2.1的一半，中国解决人口结构问题仍任重道远。

为了解决人口结构问题,发达国家也采取了一系列措施。比如,老龄化和少子化往往同时存在于老龄化社会,两者紧密相关且影响劳动力的供应,因此应对少子化是解决老龄化问题的一个重要方面。国外进入老龄化较早的国家大都是从两个方面解决少子化和劳动力短缺问题:一方面,完善刺激生育的福利待遇,保障因生育而暂时离职的女性职工能重返劳动力市场,保证劳动力持续供应;另一方面,延长退休年龄,保证老年劳动力来源,缓解政府养老金支付压力。

国外的主要老龄化国家普遍通过延长退休年龄的方法应对劳动力缺乏的问题,因而对退休年龄制度进行了一些改革。延长退休年龄一般有两种方式:一种是提高领取退休金的最低年龄,将现行领取退休金的年龄向后延迟,相应延长工作年限;另一种是设立弹性退休年龄制度,即对不同退休年龄的老人给予不同数额的退休金,退休年龄越大,退休金数额也越大。

日本和德国主要采用第一种方式延长退休年龄,如日本政府在2006年把领取养老金的最低年龄从60岁提高到65岁,德国政府在2011年至2018年期间逐步将退休年龄从65岁提高到67岁。

瑞典和美国等主要采取弹性退休年龄制度,如瑞典法定退休年龄为65岁,对于提前退休的60—64岁的职工,每提前一年退休减发退休金的5%;65—70岁的推迟退休的人员,每延迟退休1个月增发退休金的0.6%;对于有经验且有能力继续工作的退休老人,政府为其提供做义工的机会,并根据其提供服务的多少增发一定比例的退休金。

法国的人口问题更体现在人口分布方面,所以政府采取的举措是防止西部人口稀少地区的人口外流;同时,控制大城市人口,鼓励其向中小城市疏散。

三、妥善解决老龄化问题

"人口老龄化进程的加快及高龄化老人的日益增多，急需突破原有的家庭养老方式，建立多种适合中国国情的养老模式，以弥补家庭养老功能的不足。"① 根据中国确定的社会主义现代化建设战略目标，需要将实施健康老龄化战略纳入国民经济和社会发展中的长期规划。健康老龄化战略内涵的主要内容包括"老有所养、老有所医、老有所为、老有所学、老有所教、老有所乐"，这是对中国老龄工作的综合概括，是促使经济社会可持续发展的重要内容，是解决好中国人口老龄化问题的主体思路。其具体思路包括：

（1）提高全社会对老龄化问题的认识。这需要通过舆论宣传和引导，使人们了解中国老龄化问题的严峻性和对社会经济发展影响的紧迫性，以及实施健康老龄化战略的重要性，提高各级政府和居民的思想认识。

（2）需要政府明确国家老龄工作的方向。这需要政府统筹处理好社会经济发展与人口老龄化问题的关系，将正人口老龄化问题当作重大的经济问题来看待，据此实行与人口老龄化问题相协调的经济发展战略。

（3）需要将实施健康老龄化战略纳入国家的中长期发展规划，结合经济发展进程来设计和构建中国老龄化战略的工作体系，并明确提出目标、要求、重点、标准。对地方政府来说，需要将实施健康老龄化战略落实到发展计划中，各级政府应该根据国家的要求，结合实际，把老龄化问题纳入当地的社会发展计划中。

（4）应该发扬中华民族的优良传统，使家庭养老和社会养老相结

---

① 引自苏振芳主编：《人口老龄化与养老模式》，社会科学文献出版社2014年版，第7页。

合。把老年人的家庭和社会有机地组合起来,继续发挥家庭养老功能。通过现代公共媒体和自媒体渠道,在全社会范围内大力宣传传统道德文化,提升全社会敬老、爱老、助老的优秀文化传统。同时,也要加快社区老年服务设施建设,制定优惠政策积极发展福利性公共养老设施,形成对家庭养护困难老人的救助保障体系。

(5)要建立健全老年人社会保障制度。要不断完善老龄社会条件下的消费需求机制,完善社会保障的各项制度。推进完善城乡养老、医疗方面的社会保险和商业保险,建立起城乡老年人的社会保障体系。

(6)要充分发挥经济机制的功能,积极发展老龄产业。政府要支持社会力量成立养老服务机构,整合地方资源,积极引导社会资本向养老服务业的投入。经济管理部门应运用市场机制,制定一些必要的优惠政策,启动老龄产业机制来兴办社会福利设施,扶持具有福利性质的为老年人服务的产业发展。

(7)将老龄社会建设纳入人文发展战略中,构建新文化的老龄社会。要关心关怀老年人的精神生活,注重老年人身心健康,丰富老年人的精神文化生活,更好地增强其社会归属感和责任感。

(8)要不断倡导社会主义核心价值观,大力倡导年龄平等文化,宣传新的价值观,建立科学的代际协调、权益保障、矛盾处理机制,不断推动社会各个年龄群体平等分享社会资源,共享社会利益,共担社会责任。

第五节　明确城市功能分工和促进地区经济多元化发展

一、明确城市功能分工,促进城市群建设

各个城市基于自然、人文、历史的原因,彼此间都存在功能上的差

异，这种差异的存在要求对城市的功能进行整合，基于差异的整合是城市相互作用从无序到有序的最佳方式。整合是寻求城市间固有规律的手段，通过整合，不仅可以改变城市间的相互作用关系，同时也能改变城市的面貌。对城市功能加以整合就是要拓宽城市生长的切入点，是对现存城市关系格局的一种突破。

城市的整合基于互补，是以多元主体的存在为前提的，在城市群体中，各城市在生产要素上存在一定的互补性，某些城市在经济发展的初级生产要素上比较丰富，某些城市的高级生产要素较有优势，所以城市间通过推动生产要素的互补，加速生产要素的合理流动、合理配置，可以使生产要素得到高效利用。城市之间的合理分工、协同作用，在空间形态上就表现为一定地域范围内的点面系统的融合，所以城市间的协作要做到全局与局部相结合、区域内各城市合理分工、城市现状和未来发展相结合。

城市间的要素整合首先是大型基础设施的建设，基础设施的布局与建设涉及较大的区域范围而不仅仅局限于市区或城市本身，所以高效率的基础设施网络建设对于城市群体的持续、健康、快速发展是非常重要的。基础设施的共建和共享使各城市能够共同分担责任和利益，降低了各方整体利益受到损害的风险。大城市群体还能够建立起统一的市场，凭借市场机制协调城市间的经济活动，使城市群体内外的资源得到优化配置。这个市场体系中最重要的是资本市场和人才市场，一个功能完善的资本市场对于整合经济条件各异的大城市经济具有稳定作用，人才的储备和自由流动则有助于实现各城市在市场上的自身价值和确立竞争优势。

要实现城市的分工协作，就要先明确城市的功能，确定城市合理发展规模，这样才能为城市总体规划提供科学依据，使城市在区域范围内合理发展，做到真正发挥每个城市的优势，扬长避短，协调发展。城市规模是否合理，主要表现在城市的功能作用是否得到充分发挥上，所以要明确城市功能。确定城市功能是一项综合性和区域性较强的工作，必须分析研究城市发展的历史条件、现状特点、生产部门构成、职工构成、城市与周围地区的生产联系及其在地域分工中的地位等。确定功能可以明确城市内部及城市所在区域范围内重点发展项目及各部门间的比例关系，这样就可合理利用土地资源，提高土地有效利用率。城市内可以通过确定城市功能，有计划、有步骤地进行调整，但也要注意到城市功能不是一成不变的，城市功能所描述的城市性质和城市特色是城市未来的职能与地位，与城市现状可能存在一定甚至较大的差别。作为城市发展目标的一部分，城市功能中所描述的城市职能通常是多元的，而且常常与多个具体的城市发展目标相对应。

一般来说，城镇体系规划是确定城市功能的主要依据。城市的功能可以从城市在国民经济中所承担的职能方面去认识，同时城市的社会发展规划对城市的功能确定也有重要的作用。城市功能的确定一般采用定性分析与定量分析相结合，以定性分析为主的方法。定性分析就是全面分析说明城市在政治、经济、文化中的作用和地位。定量分析就是在定性分析的基础上对城市职能，特别是经济职能用一定的技术指标，从数量上去分析自然资源、劳力资源、基础设施所主导的经济产业部门。经济职能的定量分析包括三个方面：主要产业部门在全国或地区的地位和作用；主要部门的经济结构；用地结构的主次要以用地所占比重的大小来衡量。

《全国城镇体系规划纲要（2005—2020）》和《国家新型城镇化规划（2014—2020年）》针对我国建设具有全球职能的国际城市和城市群做出规划，这既是国家新型城镇化战略的组成部分，也是扩大对外开放、形成全方位开放格局的需要。《国家新型城镇化规划（2014—2020年）》明确指出："京津冀、长江三角洲和珠江三角洲城市群，是我国经济最具活力、开放程度最高、创新能力最强、吸纳外来人口最多的地区，要以建设世界级城市群为目标，继续在制度创新、科技进步、产业升级、绿色发展等方面走在全国前列，加快形成国际竞争新优势，在更高层次参与国际合作和竞争，发挥其对全国经济社会发展的重要支撑和引领作用。"2016年出台的"十三五"规划纲要中明确提出要将京津冀、长三角、珠三角地区建设为世界级城市群，这也是我国现已形成的三大功能城市群。

（一）长江三角洲城市群

长江三角洲位于我国东部沿海、沿江发达地带交汇部，处在东部"黄金海岸"和长江"黄金水道"的交汇处，对内、对外经济联系都十分便利。其区位优势突出，经济实力雄厚，其中的核心城市上海是世界最大城市之一。

按照国务院2008年关于进一步发展长三角的指导意见，正式确定将长三角扩大到两省一市，即江苏、浙江全省和上海市。这个战略性规划兼顾了区域平衡和互补，将苏北和浙西南纳入长三角范围，在土地、资源、人才等层次上明显提升了长三角的实力和发展潜力，长三角占中国经济总量的比例也由不足1/5提升到接近1/4，尤其是苏北和浙西南将成为最具增长潜力的地区，对拉动整个地区经济增长、促进长三角核心地区产业配置具有极其重要的作用。如今，长江三角洲城市群人口数量已达1亿。就城市人口而言，可以分为五个等级：人口大于500万的特大城市有上海；大于200万的有南京、杭州；100万至200万的有苏州、无锡、宁波、常州；50万至100万的有南通、扬州、镇江；20万至50万的有绍兴、泰州、湖州、嘉兴、舟山。

长江三角洲是我国以全世界经济增长最迅速、城市化进程最快的地区之一，是我国最大的综合性工业基地，工业总产值占全国的近1/4。改革开放后，长江三角洲多次出现大规模工业化浪潮。首先是乡镇工业异军突起，浦东开发后，外向型经济又迅速发展。20世纪90年代后期，台湾电子信息制造业大批转向长江三角洲，上海、苏州已成为全球重要的电子信息产业基地。如今，长江三角洲城市群已是我国城市化程度最高、城镇分布最密集、经济发展水平最高的地区。它以上海为中心，南京、杭州为副中心，包括江苏的扬州、泰州、南通、镇江、常州、无锡、苏州、徐州、淮安、连云港等，浙江的嘉兴、湖州、绍兴、宁波、舟山、温州、台州等，涵盖了江苏、浙江全境和上海市，以沪杭、沪宁高速公路以及多条铁路为纽带，形成一个有机的整体。就行政级别而言，长江三角洲有国家直辖市上海，省会城市南京、杭州，国家计划单列市宁波以及11个地级市，共计15个大中城市。目前，长江三角洲的城市体系已比较完备，形成了由特大城市、大城市、中等城市、小城市、县城、县属镇和乡级镇组成的七级城镇体系，城镇等级齐全，大中小型城市的数目之比分别为4∶17∶30。这样一种城市体系结构，非常有利于实现各级城市之间的合理分工，发挥城市带的整体优势。

目前，上海及长江三角洲城市群的重点发展区域有以下五类：区域内具有综合服务功能的核心城，如上海；区域内新兴的中心城市，如苏州、无锡；区域内重要功能型城市，如旅游与加工产业中心苏州、无锡，行政文化和商业中心南京、杭州，港口集散中心宁波、舟山、大小洋山等；区域内欠发达地区中心城市，如上海的崇明、苏北的扬州、南通、浙北的嘉兴、湖州；区域内中心城市的郊区城镇，如上海的松江、杭州的萧山等。整个长江三角洲地区城市群中重点城市的发展是在交通等基础设施发展的基础上，依靠港口、航道、交通枢纽等重要区位，内引外连，以上海为贸易、金融、信息中心向海外发展，可以说，构造世界级城市群的条件已基本具备。

（二）珠江三角洲城市群

珠江三角洲即珠江三角洲经济区，包括广州、深圳、珠海、佛山、江门、东莞、中山、惠州市和肇庆市，总人口4230万，土地总面积41698平方公里，其中建设用地（包括城市建设用地、建制镇建设用地和村庄建设用地）面积6640平方公里。

"珠三角"最初由广州、深圳、佛山、珠海、东莞、中山6个城市及惠州、清远、肇庆三市的一部分组成（不含香港和澳门2个特区），也就是通常所说的广东珠三角。后来，"珠三角"范围调整扩大为由珠江沿岸广州、深圳、佛山、珠海、东莞、中山、惠州、江门、肇庆9个城市组成的区域，这也就是通常所指的"珠三角"或"小珠三角"。"小珠三角"面积为24437平方公里，不到广东省国土面积的14%，人口4283万人，占广东省人口的61%。2008年"小珠三角"GDP总值达29745.58亿元（4342.843亿美元），占全国的10%。2009年1月8日，国务院发布《珠江三角洲地区改革发展规划纲要（2008—2020）》。纲要提出，到2012年，由广州、深圳、佛山、珠海、东莞、中山、惠州、江门、肇庆9个城市组成的珠江三角洲地区率先建成全面小康社会，人均地区生产总值达到8万元；到2020年，率先基本实现现代化，人均地区生产总值达到13.5万元。

至于"大珠三角"，有着两个不同的概念，一个指"小珠三角"和港澳，另一个指粤港澳。目前通常所说的"大珠三角"就是指广东、香港、澳门三地构成的区域。"大珠三角"面积18.1万平方公里，户籍总人口8679万。"泛珠三角"包括与珠江流域地域相邻、经贸关系密切的福建、江西、广西、海南、湖南、四川、云南、贵州和广东9省区，以及香港、澳门2个特别行政区，简称"9+2"。"泛珠三角"面积200.6万平方公里，户籍总人口45698万，GDP总值52605.7亿元（6356亿美元）。其中，9省区面积占全国的20.9%，人口占全国的34.8%，GDP总值占全国的33.3%。大珠三角城镇群地域范围包括香港、澳门和广州、深圳、珠海、佛山、东莞、中山、江门市的全境，还包括惠州市的惠城和惠阳区、惠东的博罗县，以及肇庆市的端州和鼎湖区、高要和四会市，土地面积超过42831.5平方公里。

珠江三角洲地区是有全球影响力的先进制造业基地和现代服务业基

地,是中国参与经济全球化的主体区域,全国科技创新与技术研发的基地,全国经济发展的重要引擎,南方对外开放的门户,辐射带动华南、华中和西南发展的龙头。珠江三角洲地区经济是外向型经济,其国民生产总值的约一半是通过国际贸易实现的,外贸出口总额占全国的10%以上,不少企业的绝大部分产品都供应国际市场。珠江三角洲地区发展外向型经济的基本途径是从境外引进资金以及先进的技术、设备和管理。同时,该地区有临近港、澳面向东南亚的位置优势,有侨乡的优势,有多优良海港和劳动力丰富等优势,再加上国家为这里制定了优惠政策,其成为吸引众多外商投资和外企落户的地方。珠三角经济区信息化综合指数67.6%,高出全省3.3个百分点。珠三角地区的深圳市被确定为首批国家级电子信息产业基地,全国第一个公共技术支持服务中心已建成并投入使用。

2015年9月29日,珠三角国家自主创新示范区正式获得国务院批复,目标是把珠三角建设成为中国开放创新先行区、转型升级引领区、协同创新示范区、创新创业生态区,打造成国际一流的创新创业中心。

(三) 京津冀城市群

京津冀城市群的提法由来已久,并且早已锁定"世界级"的目标。2014年3月,中共中央、国务院印发的《国家新型城镇化规划(2014—2020年)》中三次提到"京津冀城市群",将其与珠江三角洲、长江三角洲城市群并列,视为"国民经济重要的增长极",并提出其"要以建设世界级城市群为目标"。京津冀城市群包括北京市、天津市和河北省的石家庄、唐山、保定、秦皇岛、廊坊、沧州、承德、张家口8个地市及其所属的通州新城、顺义新城、滨海新区和唐山曹妃甸工业新区。京津冀城市群区域面积为18.34万平方公里,占全国的2.35%,人口8500万,占全国的7.24%,全域2017年GDP为8.2万亿,约为全国的10%,2017年中心城市北京的第三产业占其GDP总量的80%以上。2017年4月，中共中央、国务院决定设立河北雄安新区，涉及保定市下辖的雄县、容城、安新3县及周边部分区域。2017年9月，中共中央、国务院关于对《北京城市总体规划（2016—2035年)》的批复中再次明确：发挥北京的辐射带动作用，打造以首都为核心的世界级城市群。

京津冀整体定位是"以首都为核心的世界级城市群、区域整体协同发展改革引领区、全国创新驱动经济增长新引擎、生态修复环境改善示范区"。2018年11月，《中共中央国务院关于建立更加有效的区域协调发展新机制的意见》指出，以疏解北京非首都功能为"牛鼻子"推动京津冀协同发展，调整区域经济结构和空间结构，推动河北雄安新区和北京城市副中心建设，探索超大城市、特大城市等人口经济密集地区有序疏解功能、有效治理"大城市病"的优化开发模式。中共中央、国务院明确要求以北京、天津为中心引领京津冀城市群发展，带动环渤海地区协同发展。

京津冀城市群的空间格局为，一核：北京；双城：北京、天津；三轴：京津发展轴、京保石发展轴、京唐秦发展轴；四区：中部核心功能区、东部滨海发展区、南部功能拓展区和西北部生态涵养区；多节点：包括石家庄、唐山、保定、邯郸等区域中心城市和张家口、承德、廊坊、秦皇岛、沧州、邢台、衡水等节点城市；两翼：北京通州城市副中心、河北雄安新区。

"点"的发展即以核心城市和次中心城市等为主要"节点"统筹发展；"轴"的发展就是城市群内外主要交通走廊和产业带的发展；"点"的具体发展构想是采用"2+8+4"模式，推进城市群"节点"城市的发展，即推动两个核心城市、8个次中心城市及滨海新区、通州、顺义、唐山曹妃甸等新兴城市的发展；"轴"的发展构想是以京津冀城市群各城市之间的主要交通线以及沿交通线分布的产业带和城市密集带构成的。"轴"的发展将以中关村科技园和滨海新区等高新技术产业为依托，以快速综合交通走廊为纽带，促进通州、廊坊、滨海新区城市群主轴的发展；以滨海临港重化工产业发展带和渤海西岸五大港口为发展核心，促进秦皇岛、唐山、天津、沧州沿海地区城市发展带的快速发展。

"十三五"期间，京津冀将重点推进京唐城际、京滨城际、廊涿城际等城际联络线建设。到2020年，将着力打造京津冀"一环六放射二航五港"的交通一体化体系。"一环"即首都经济圈环京高速走廊。"六放射"是指以北京为中心向六个方向放射的运输通道，分别是西北的京张方向、正东的京唐秦方向、东北的京承方向、东南的京津方向、正南的京开和新机场方向、西南的京石方向的高速路。"二航"是指首都国际机场和新建的北京新机场。"五港"是指秦皇岛港、唐山港、曹妃甸港、天津港和黄骅港。到2020年，将形成京津冀9000公里的高速公路网和主要城市3小时公路交通圈、9500公里的铁路网和主要城市1小时城际铁路交通圈。5年内，北京将构建一体化的区域综合运输服务体系，实现区域交通和城市交通有机融合，航空、铁路、公路等交通方式协调发展，形成以北京为中心50公里半径范围内的"1小时交通圈"。北京将实现公共交通"快速、便捷、多样"，中心城公共交通出行的平均通勤时间不超过60分钟。

二、促进地区经济多元化发展

要使城市健康和可持续发展，就要转变经济发展模式，[①] 促进地区经济的多元化发展。以经济建设为中心是兴国之要，发展经济仍是解决我国所有问题的关键。只有推动经济持续健康发展，才能筑牢国家繁荣富强、人民幸福安康、社会和谐稳定的物质基础，所以必须坚持发展是

---

① 所谓经济发展模式，在经济学上是指在一定时期内国民经济发展战略及其生产力要素增长机制、运行原则的特殊类型，它包括经济发展的目标、方式、发展重心、步骤等一系列要素。

硬道理的战略思想，决不能有丝毫动摇。要推动经济持续健康发展，必须以科学发展为主题，以加快转变经济发展方式为主线，这是关系我国发展全局的战略抉择。

转变经济发展方式，关系我国建设中国特色社会主义事业大局，是贯彻落实科学发展观，实现国民经济又好又快发展的根本要求。转变经济发展方式的根本出路，是要加快建立和完善社会主义市场经济体制，优化资源配置方式，打造合格的市场主体，推进科技创新市场化，创造有利于转变经济发展方式的政策环境，从而在市场竞争中实现经济增长由主要依靠增加物质资源消耗向主要依靠科技进步、劳动者素质提高、管理创新转变。

要促进地区经济的多元化发展，就需要从我国从实际出发，处理好三大关系：一是发展高新技术产业和传统产业的关系。我国有庞大的传统工业体系，相当一部分具有20世纪初发达国家水平，因此我们应当在积极发展高新技术产业的同时，加大对传统产业的改造，使传统产业焕发生命力，以高科技提高传统产业的水平，使传统产业在国民经济建设和国际竞争中发挥更大作用。二是处理好资金技术密集型产业和劳动密集型产业的关系。产业的升级往往是劳动密集型产业向资本密集型和科技密集型产业转化的过程，但又不是绝对的，因为产业布局和就业问题的存在，劳动密集型产业仍有其价值，所以既要发展资金技术密集型产业，提升产业结构，又要发挥比较优势，积极发展劳动密集型产业。三是处理好虚拟经济和实体经济的关系。虚拟经济是实体经济发展到一定程度的产物，是工业文明发展到一定阶段的内在需求，它为实体经济的迅速规模化发展提供了资本和市场的支持，所以发展虚拟经济要为促进实体经济服务，但要防止脱离实体经济过度发展虚拟经济。

实现我国城市地区产业多元化发展，在战略上要做到以下几点：

（1）政府要搭建服务平台，帮助城市调整产业结构，实现产业转型升级。包括搭建技术服务平台，通过整合成熟的技术，使科研与应用相结合，推动本地制造业向中高端发展；搭建人才服务平台，完善人才信息，促进人才交流，以人才流动促进发展；针对不同产业和不同规模企业搭建产业服务平台，为企业提供市场信息、技术信息服务等。

（2）增强城市服务功能，也就是发展第三产业，将服务功能的提升放到战略的角度考虑，以服务业的发展带动产业调整和科技信息的应用。这就要求大力发展金融、物流业、生活性服务业，形成多层次的城市服务功能。

（3）为提升综合社会效益，要推动产业和城市的融合发展，完善产业布局。重点应打造一些有本城市特点的园区载体，为企业发展建设创新社区。

（4）城市要为可持续发展开拓创新空间，政府要加强产业引导，推动创新产业发展。为实现产业创新，可以建立产业引导基金和创新基金，推动技术创新，支持新兴产业的发展。

（5）在多元化发展中，要利用我国的经济结构优势，发挥国有企业的领头作用，促进国有企业在资本市场和产品市场中发挥作用；要利用国有企业的人才、规模优势和在行业中的领军作用发展产业集群，提高整个行业在国际上的竞争地位。

促进地区经济的多元化发展，具体应采取以下措施：

（1）要加快推进经济结构调整。必须以优化产业结构、改善需求结构、促进区域协调发展为重点，着力解决制约经济可持续发展的经济结构性问题。这就需要把调整经济结构作为转变经济发展方式的战略重点，加快调整区域经济结构，加快调整国民收入分配结构，加快推进城镇化，为保持长期平稳较快发展创造条件。

（2）要加快推进产业结构调整，做好产业布局，完善产业体系。要达到这一目标，就要加快以大型国有企业为代表的传统产业改造，加快发展代表未来增长点和发展方向的以互联网为代表的战略性新兴产业，加快发展能在促进就业和产业融合方面发挥重要作用的服务业，只有这样，才能全面提升我国整体产业技术水平和国际竞争力。

（3）要加快推进自主创新。科技创新是提高社会生产力和综合国力的战略支撑，必须摆在国家发展全局的核心位置，所以要加强基础研究和高新技术研究，优先发展信息技术、生命科学、新材料等重点领域；要大力推进关键技术创新，实现技术跨越式发展；要提高自主创新能力，使科技成果得到有效应用，转化为现实生产力，为加快经济发展提供有力的科技支持；要鼓励科技创新，在关键领域掌握核心技术和能够在关键技术上拥有一批自主知识产权，占据科技领先的高地；要全面落实国家中长期科技发展规划，实施基础研究、高技术研究和科技支撑计划，加强科技基础能力建设。

（4）要加快科技体制改革，加快建设科技人才队伍，为经济长远发展提供竞争优势。要更多地依靠科技进步、劳动者素质提高、管理创新驱动，坚持走中国特色新型工业化、信息化、城镇化、农业现代化道路，继续实施区域发展总体战略。要以体制创新推进科技创新，继续深化科技体制改革，加速科技成果向现实生产力的转化，建立与经济发展紧密结合、符合市场经济要求和科技创新规律的新型科技管理体制。

（5）要推进国家创新体系建设，发挥大学和科研机构在知识创新中的重要作用，支持企业成为科研开发投入和技术创新的主体。要以市场为导向，用高新技术和先进适用技术改造传统产业，推进产业结构优化升级，形成以高新技术产业为先导、基础产业和制造业为支撑、服务业全面发展的产业格局。

（6）地区经济的多元化发展离不开协调的城乡关系，所以还要加快推进农村地区农业发展方式转变，构建现代农业产业体系，加快推进农业科技创新，加快推进农业经营体制机制创新，大幅提高农业综合生产能力，全面提高农业现代化水平，推进社会主义新农村建设。城乡发展一体化是解决"三农"问题的根本途径，要加大统筹城乡发展力度，促进城乡共同繁荣。要加大强农惠农富农政策力度，让广大农民平等参与现代化进程，共同分享现代化成果。

（7）要加快推进生态文明城市的建设，推进环境友好型社会建设。为了达到这一目标，必须加快城市污染防治，加快实施生态工程，推动整个城市走上生态良好的发展道路。要治理城市污染，就要大力推进节能减排，加强节能环保，构建能源资源等生产要素投入的约束机制，这是促进生态城市发展的基本要求。

（8）要加快推进地区经济社会协调发展，针对社会发展和民生领域的突出问题，大力推进以改善民生为重点的社会建设，加快社会保障体系建设，加快发展面向民生的公益性社会服务，更好地推进经济社会协调发展，使发展更有质量、更全面、更有持续性。

（9）要加快发展文化产业。文化产业是后工业时代非常具有发掘潜力的产业，能带来巨大的综合社会效益。在发展文化产业时，要注意坚持经济效益与社会效益相统一。就我国的情况而言，发展文化产业的关键是深化文化体制改革，加快发展经营性文化产业，加快开拓文化市场。

（10）要加快推进对外经济发展方式的转变。既要坚持对外开放的基本国策，又要加快调整进出口贸易结构，不断提高开放型经济水平，以应对国际贸易中出现的矛盾和冲突。为此，必须实行更加积极主动的开放战略，推动进一步改革开放，朝着优化结构、提高效益方向转变，还要创新开放模式，坚持出口和进口并重，提高利用外资效率和总体效益。

第六节　城市的防灾与减灾

一、城市的防灾问题

城市防灾问题一直是我国各级政府关注的重点，党中央、国务院近几年发布了《关于推进城市安全发展的意见》《国家综合防灾减灾规划

(2016—2020年)》《国家突发事件应急体系建设"十三五"规划》等一系列政策性文件。在机构改革中，国家应急管理部的组建也应运而生，它整合了包括国家安监总局、原国务院应急办、原武警消防等13个单位的相关职责，是我国完善应急管理体制、提升应急管理能力、推进新时代应急管理体系建设的重大举措，标志着我国"大应急"体系初现雏形。这一体系就是要建立健全自然灾害预判机制、防灾减灾协调机制、权责明确责任机制、核定灾情会商机制、生活救助协同机制、防灾减灾督查机制，以形成防灾减灾救灾的长效管理机制。

在我国的城市灾害中，地震如唐山大地震和汶川大地震都曾造成人员和财产的巨大损失，所以城市防灾中比较突出的一个是防震问题。防震就是要防御和减轻地震灾害，但城市抗震具有不确定性，难以预测的因素较多，所以不能把抗震的目标只定为工程建筑不发生倒塌。城市抗震的目标远不止于此，还涉及物质因素、人为因素、社会因素等，如城市交通、电力、通信等问题。城市地震灾害形态、灾情演化和社会影响更为复杂，应急救灾也更加困难。一般来说，城市抗震包括10个考量维度，即系统防灾意志和决策能力、人居环境的安全、基础设施的地震安全性、灾害管理能力、生态环境、经济发展水平、防灾法规和标准、公共关系和媒体、信息安全和干扰的时空变化。城市防震的主要内容包括防震减灾规划、地震监测预报、地震灾害预防、地震应急救援、地震灾后过渡性安置和恢复重建，以及监督管理、法律责任等方面。

总的来说，防震抗震需要建立起三道防线：

第一道防线是地震监测预报。地震部门要充分运用先进的科学技术，最大限度地提高监测预报的水平。

第二道防线是震害防御体系的建设。在地震预报仍然是世界难题的条件下，必须有对付突如其来的地震发生的措施，并作为经常性防范措施，这主要有工程性和非工程性两个方面。工程性措施叫作工程抗震设防，包括三个组成部分：对重大建筑物、构筑物、开发区建设，要在立项前依法进行充分的安全性评价，为建筑抗震设计提供依据；一般工业和民用建筑的抗震设防，必须按照抗震设防要求进行抗震设计、施工，确保在6级左右地震条件下的安全；对国家划定监视防御区的老旧楼房，特别是人口聚集的公共场所，要进行抗震性能的鉴定，不安全的要进行加固改造，使其能够具备法定的抗震能力。非工程性防御措施是指除专业部门的地震监测和工程建设以外的政府和社会防御措施，主要是震害预防和应急对策，包括地震知识的宣传普及，各级组织、单位的地震应急预案的制定，以及模拟地震来临的应急演习训练等。

第三道防线是紧急救援体系的建设。在城市防震方面，我国全国人民代表大会常务委员会于1997年12月29日第八届全国人民代表大会常务委员会第二十九次会议通过了《中华人民共和国防震减灾法》，并于2008年12月27日第十一届全国人民代表大会常务委员会第六次会议进行了修订。

修订后的《中华人民共和国防震减灾法》自2009年5月1日起施行。为了减轻地震灾害，制定的防震对策主要包括：地震监测、地震预报、工程抗震、社会防灾、震后救灾、恢复重建、平息恐慌等。我国防震减灾的指导方针是"以防为主，防御与救助相结合"。具体措施包括：准备好抢险救灾所必需的一切条件和物资；大力宣传地震科学知识和自救互救办法；安排好危险地带或危险建筑物内人员和设备的撤离；建立报警系统和实施通讯保障；加强交通和治安管理，维护社会正常秩序；成立救灾指挥机构，统一指挥抢险救灾工作。政府重视、以防为主，防御与救助相结合，多路探索，群防群测，专群结合，依靠科技、法制，走综合防御的道路，是中国特色防震减灾对策的要点。

洪水也是一种我国常见的城市灾害。就城市防洪问题而言，我国现有668座城市，其中639座有防洪任务，占96%。国家制定了《水法》《防汛条例》《河道管理条例》等法规，拟定了大江大河特大洪水防御方案。现今，中央、省、地、市、县各级均已建立起防汛指挥机构，实行了以行政首长负责制为核心的防汛责任制。

为了城市防洪,全国修建加固堤防约 24.5 万公里,防潮堤 2900 公里;重点整治疏通了河道,在淮河、海河扩大增辟了洪水入江、入海出路,进行了辽河、松花江、太湖的治理;修建水库 82848 座,总库容 4617 亿立方米,其中大型水库 358 座,总库容 3357 亿立方米;在主要江河开辟行洪、分蓄洪区 100 多处,分蓄洪容量约 1200 亿立方米;大力推行水土保持,初步治理水土流失面积约 50 万平方公里。建设了黄河流域郑州至三门峡区,淮河流域信阳至蚌埠、徐州的数字微波通信干线以及海河流域天津至廊坊、北京、涿县、新盖房的 800 兆通信系统;建设水情报汛站 8500 多处,水文预报站 1000 多处;初步建立了一套适合计算机使用的洪水预报系统,并应用于大江大河的洪水预测预报;在黄河"三花"区间、长江荆江河段、淮河正阳关以上流域、永定河官厅山峡、辽河三江口地带和太湖湖区等河段建成 20 多个水文自动测报系统,有遥测站点 500 个左右;全国 299 座大型水库和 43 座重点病险库,有 150 座水库建设了水文自动测报系统,有遥测站点约 1200 个;在长江、黄河、淮河、海河等流域的 25 个重点蓄滞洪区建立了 85 个警报中心发射台和 10428 个警报接收点;有 30 多个防汛部门安装了接收日本 GMS 卫星云图的装置,开始运用遥感等现代化手段传报有关防洪的图象。①

现今,我国各主要江河已经形成完善的防洪体系,长江中下游干流、汉江下游及湖区的堤防标准可达 10 年至 20 年一遇。海河水系在各种防洪措施综合运用下,各河防洪标准可达 50 年一遇。淮河中下游的堤防标准可达 40 年一遇。珠江流域的西江、东江可防御 20 年至 50 年一遇的洪水;北江大堤可防御 100 年一遇的洪水;珠江三角洲地区可防御 50 年一遇的洪水。松花江干流可防御 10 年至 20 年一遇的洪水;辽

---

① 摘自《中国水文年鉴》,中国水文水利出版社 2018 年版,第 99 页。

河干流河道能防御 20 年一遇的洪水。

在防止核污染方面，中国在日本福岛核事故发生后立即采取了应对措施。2011 年 3 月 16 日，国务院召开会议决定立即组织对我国核设施进行的全面的安全检查，切实加强正在运行核设施的安全管理，全面审查在建核电厂，严格审批新上核电项目。从 2011 年 3 月开始至 2011 年 8 月，核安全检查团对所有在运行的核电厂进行检查，重点检查：厂址选址过程中所评估的外部事件的适应性；核设施防洪预案和防洪能力评估；核设施抗震预案和抗震能力评估；核设施消防系统的检查；核设施质量保证的有效性；多种极端自然事件叠加事故的预防和缓解；全厂断电事故的分析评估以及失去应急电源后附加电源的可用情况及应急预案；严重事故预防和缓解措施及其可靠性评估；应对群体性事件预案；环境监测体系和应急体系的有效性；其他可能存在的薄弱环节。

在安全检查的同时，政府借鉴日本福岛核事故的经验，对我国核设施的相关不足提出改进要求，并在环境保护部组织下编制了《福岛核事故后核电厂改进行动通用技术要求》，其目的是规范各核电厂共性的改进行动，解决目前我国核电厂改进措施过程中所采用技术的不统一问题，尽可能统一和协调各核电厂所采取的安全改进策略深度和广度，解决监管当局和营运单位在安全改进策略上的不同认识，为我国核电厂开展改进行动工作提供了切实指导。

二、城市的减灾问题

城市减灾是科学性和实践性很强的工作，首先要构造适合城市发展和灾情特征的减灾模式，这是减灾顺利实施的前提。减灾模式又是一项极为复杂的、综合性的系统工程，涉及城市管理学、减灾学、气象学、地质学、建筑学、经济学、系统工程学等多种学科。减灾模式要求城市明确城市防洪、防地质灾害、防地震灾害、城市生命线系统等各项设防及备灾标准，合理确定各项防灾设施的等级规模，科学布局各项防灾活动。

近年来，我国经济社会快速发展，基础设施与生命线工程越来越尖端、复杂，全社会对减灾救灾提出了更高的要求，单一的抗灾工程已经无法满足发展需求，要求进行综合减灾，这是城市发展到一定阶段的客观要求，是城市减灾的必然趋势。这是因为城市本身是一个系统，城市灾害的发生和造成的后果都不可能是独立现象，因此应从系统学的角度对其加以分析，并在此基础上制定城市减灾对策。城市综合减灾是城市的基本功能之一，城市减灾的综合性原理在本质上要求建立统一的城市综合减灾体制。这就要求建立完善的管理指挥系统，建立具有应急工程救援保障体系、保障供应体系和综合救援体系的应急队伍。

我国应急救援行业发展起步晚，在部分专项救援技术领域缺乏成体系的行业技术标准和规范，如山地救援、激流救援、高角度绳索救援、潜水救援、洞穴救援、直升机救援等领域的人员技术和装备规范、现场管理规范等，都缺乏成体系的行业标准，其中很多领域反而是社会应急力量参与较多。为此，应加强应急队伍建设，通过加强减灾领域的科学研究与技术开发，采用与推广先进的监测、预测、预警和应急处置技术及设施，并充分发挥专业人员的作用，提高应对自然灾害的水平。要通过在市、区以及企事业单位、社区、学校等制定与演练应急预案，储备必要的科学常识和自救知识，以减少灾害造成的损失。

减灾首先要坚持以人为本，把保障公众生命财产安全作为减灾的首要任务，最大程度地减少自然灾害造成的人员伤亡。

减灾还要先进行灾害风险评估，建立完善精细的分灾种风险评估标准。根据灾害风险评估结果，提高城乡建筑和公共设施的设防标准，以加强城乡交通、通信、电力、供排水管网等基础设施的抗灾能力。

为了做好减灾工作，应加强预警信息共享，有效地拓宽民众获取灾害信息的渠道。气象部门要加强与水利、国土、城市运行保障等部门的联系，建立气象灾害多部门预警联动机制。政府要充分利用电视、报刊、网络以及微博、微信等新兴媒体传播减灾知识。社会上还要通过图书、报刊、音像制品和电子出版物、电视、网络等途径广泛宣传避险、自救、互救、减灾等常识，增强公众的自救、互救能力。

城市应建立应急预案，一旦有灾害发生，启动应急响应机制后各相关部门和人员能按照预案要求，各司其职，最大限度地减轻灾害损失。应急预案应包括对灾害的应急组织体系及职责、预测预警、信息报告、应急响应、应急处置、应急保障等机制，形成包含事前、事中、事后等各环节的一整套运行机制。

就影响城市安全的地震而言，防震减灾首先要编制防震减灾规划，并且应当遵循统筹安排、突出重点、合理布局、全面预防的原则。防震减灾规划要确定的是震情形势和防震减灾总体目标，并且还包括地震监测台网、地震建设布局、地震灾害预防措施以及防震减灾技术、信息、资金、物资等保障措施。防震减灾规划是各级人民政府全面统一部署本行政区域一定时期内防震减灾工作的指导性文件，是政府依法加强领导，落实有关政策，协调各部门工作，动员社会力量，开展防震减灾工作的重要途径和手段。城市防震减灾规划一般包括以下基本内容：规划编制的背景以及本地区防震减灾工作现状；编制的指导思想、原则及总体目标；防震减灾工作体系建设；防震减灾法律体系建设；防震减灾基础设施与技术系统现代化建设；防震减灾科学技术发展规划；地震监测预报方案；新建、扩建工程的抗震设防，建筑物、构筑物的抗震加固、次生灾害防范等；地震应急及紧急救援工作体系建设；震后救灾与恢复重建准备；防震减灾宣传教育等。

针对城市防洪减灾问题，应加强抢险救援物资储备能力建设，建成防汛物资仓库。仓库建筑要有足够的规模，以便储备足够的防汛物资，同时按照动态配置管理和及时补充完善原则，对物资储备提出要求并检查落实，并依托防汛救灾等专业抢险救援物资仓库，形成适应需求、响应快速、管理规范的灾害抢险救援物资储备体系。还要加强灾害救助物资储备能力建设，在建成救灾物资储备库的基础上，按照构建功能完备、适度储备、布局合理、高效配送的自然灾害救助物资储备体系理念，以信息化为手段，以受灾居民需求为导向，推动建设线上供需的信息化平台。

附　录

附录一　政策与法规

一、国家新型城镇化规划（2014—2020年）（部分）

国家新型城镇化规划（2014—2020年），根据中国共产党第十八次全国代表大会报告、《中共中央关于全面深化改革若干重大问题的决定》、中央城镇化工作会议精神、《中华人民共和国国民经济和社会发展第十二个五年规划纲要》和《全国主体功能区规划》编制，按照走中国特色新型城镇化道路、全面提高城镇化质量的新要求，明确未来城镇化的发展路径、主要目标和战略任务，统筹相关领域制度和政策创新，是指导全国城镇化健康发展的宏观性、战略性、基础性规划。

第一篇

规划背景

我国已进入全面建成小康社会的决定性阶段，正处于经济转型升级、加快推进社会主义现代化的重要时期，也处于城镇化深入发展的关键时期，必须深刻认识城镇化对经济社会发展的重大意义，牢牢把握城镇化蕴含的巨大机遇，准确研判城镇化发展的新趋势新特点，妥善应对城镇化面临的风险挑战。

第一章 重大意义

城镇化是伴随工业化发展，非农产业在城镇集聚、农村人口向城镇集中的自然历史过程，是人类社会发展的客观趋势，是国家现代化的重要标志。按照建设中国特色社会主义五位一体总体布局，顺应发展规律，因势利导，趋利避害，积极稳妥扎实有序推进城镇化，对全面建成小康社会、加快社会主义现代化建设进程、实现中华民族伟大复兴的中国梦，具有重大现实意义和深远历史意义。

——城镇化是现代化的必由之路。工业革命以来的经济社会发展史表明，一国要成功实现现代化，在工业化发展的同时，必须注重城镇化发展。当今中国，城镇化与工业化、信息化和农业现代化同步发展，是现代化建设的核心内容，彼此相辅相成。工业化处于主导地位，是发展的动力；农业现代化是重要基础，是发展的根基；信息化具有后发优势，为发展注入新的活力；城镇化是载体和平台，承载工业化和信息化发展空间，带动农业现代化加快发展，发挥着不可替代的融合作用。

——城镇化是保持经济持续健康发展的强大引擎。内需是我国经济发展的根本动力，扩大内需的最大潜力在于城镇化。目前，我国常住人口城镇化率为53.7%，户籍人口城镇化率只有36%左右，不仅远低于发达国家80%的平均水平，也低于人均收入与我国相近的发展中国家60%的平均水平，还有较大的发展空间。城镇化水平持续提高，会使更多农民通过转移就业提高收入，通过转为市民享受更好的公共服务，从而使城镇消费群体不断扩大、消费结构不断升级、消费潜力不断释放，也会带来城市基础设施、公共服务设施和住宅建设等巨大投资需求，这将为经济发展提供持续的动力。

——城镇化是加快产业结构转型升级的重要抓手。产业结构转型升级是转变经济发展方式的战略任务，加快发展服务业是产业结构优化升级的主攻方向。目前，我国服务业增加值占国内生产总值比重仅为46.1%，与发达国家74%的平均水平相距甚远，与中等收入国家53%的平均水平也有较大差距。城镇化与服务业发展密切相关，服务业是就业的最大容纳器。城镇化过程中的人口集聚、生活方式的变革、生活水平的提高，都会扩大生活性服务需求；生产要素的优化配置、三次产业的联动、社会分工的细化，也会扩大生产性服务需求。城镇化带来的创新要素集聚和知识传播扩散，有利于增强创新活力，驱动传统产业升级和新兴产业发展。

——城镇化是解决农业农村农民问题的重要途径。我国农村人口过多、农业水土资源紧缺，在城乡二元体制下，土地规模经营难以推行，传统生产方式难以改变，这是"三农"问题的根源。我国人均耕地仅1000平方米，农户户均土地经营规模约6000平方米，远远达不到农业规模化经营的门槛。城镇化总体上有利于集约节约利用土地，为发展现代农业腾出宝贵空间。随着农村人口逐步向城镇转移，农民人均资源占有量相应增加，可以促进农业生产规模化和机械化，提高农业现代化水平和农民生活水平。城镇经济实力提升，会进一步增强以工促农、以城带乡能力，加快农村经济社会发展。

——城镇化是推动区域协调发展的有力支撑。改革开放以来，我国东部沿海地区率先开放发展，形成了京津冀、长江三角洲、珠江三角洲等一批城市群，有力推动了东部地区快速发展，成为国民经济重要的增长极。但与此同时，中西部地区发展相对滞后，一个重要原因就是城镇化发展很不平衡，中西部城市发育明显不足。目前东部地区常住人口城镇化率达到62.2%，而中部、西部地区分别只有48.5%、44.8%。随着西部大开发和中部崛起战略的深入推进，东部沿海地区产业转移加快，在中西部资源环境承载能力较强地区加快城镇化进程，培育形成新的增长极，有利于促进经济增长和市场空间由东向西、由南向北梯次拓展，推动人口经济布局更加合理、区域发展更加协调。

——城镇化是促进社会全面进步的必然要求。城镇化作为人类文明进步的产物，既能提高生产活动效率，又能富裕农民、造福人民，全面提升生活质量。随着城镇经济的繁荣，城镇功能的完善，公共服务水平和生态环境质量的提升，人们的物质生活会更加殷实充裕，精神生活会更加丰富多彩；随着城乡二元体制逐步破除，城市内部二元结构矛盾逐步化解，全体人民将共享现代文明成果。这既有利于维护社会公平正义、消除社会风险隐患，也有利于促进人的全面发展和社会和谐进步。

第二章 发展现状

改革开放以来，伴随着工业化进程加速，我国城镇化经历了一个起点低、速度快的发展过程。1978—2013年，城镇常住人口从1.7亿人增加到7.3亿人，城镇化率从17.9%提升到53.7%，年均提高1.02个百分点；城市数量从193个增加到658个，建制镇数量从2173个增加到20113个。京津冀、长江三角洲、珠江三角洲三大城市群，以2.8%的国土面积集聚了18%的人口，创造了36%的国内生产总值，成为带动我国经济快速增长和参与国际经济合作与竞争的主要平台。城市水、电、路、气、信息网络等基础设施显著改善，教育、医疗、文化体育、社会保障等公共服务水平明显提高，人均住宅、公园绿地面积大幅增加。城镇化的快速推进，吸纳了大量农村劳动力转移就业，提高了城乡生产要素配置效率，推动了国民经济持续快速发展，带来了社会结构深刻变革，促进了城乡居民生活水平全面提升，取得的成就举世瞩目。

在城镇化快速发展过程中，也存在一些必须高度重视并着力解决的突出矛盾和问题。

——大量农业转移人口难以融入城市社会，市民化进程滞后。目前农民工已成为我国产业工人的主体，受城乡分割的户籍制度影响，被统计为城镇人口的2.34亿农民工及其随迁家属，未能在教育、就业、医疗、养老、保障性住房等方面享受城镇居民的基本公共服务，产城融合不紧密，产业集聚与人口集聚不同步，城镇化滞后于工业化。城镇内部出现新的二元矛盾，农村留守儿童、妇女和老人问题日益凸显，给经济社会发展带来诸多风险隐患。

——"土地城镇化"快于人口城镇化，建设用地粗放低效。一些城市"摊大饼"式扩张，过分追求宽马路、大广场，新城新区、开发区和工业园区占地过大，建成区人口密度偏低。1996—2012年，全国建设用地年均增加724万亩，其中城镇建设用地年均增加357万亩；2010—2012年，全国建设用地年均增加953万亩，其中城镇建设用地年均增加515万亩。2000—2011年，城镇建成区面积增长76.4%，远高于城镇人口50.5%的增长速度；农村人口减少1.33亿人，农村居民点用地却增加了3045万亩。一些地方过度依赖土地出让收入和土地抵押融资推进城镇建设，加剧了土地粗放利用，浪费了大量耕地资源，威胁到国家粮食安全和生态安全，也加大了地方政府性债务等财政金融风险。

——城镇空间分布和规模结构不合理，与资源环境承载能力不匹配。东部一些城镇密集地区资源环境约束趋紧，中西部资源环境承载能力较强地区的城镇化潜力有待挖掘；城市群布局不尽合理，城市群内部分工协作不够、集群效率不高；部分特大城市主城区人口压力偏大，与综合承载能力之间的矛盾加剧；中小城市集聚产业和人口不足，潜力没有得到充分发挥；小城镇数量多、规模小、服务功能弱，这些都增加了经济社会和生态环境成本。

——城市管理服务水平不高，"城市病"问题日益突出。一些城市空间无序开发、人口过度集聚，重经济发展、轻环境保护，重城市建设、轻管理服务，交通拥堵问题严重，公共安全事件频发，城市污水和垃圾处理能力不足,大气、水、土壤等环境污染加剧,城市管理运行效率不高,公共服务供给能力不足,城中村和城乡接合部等外来人口集聚区人居环境较差。

——自然历史文化遗产保护不力,城乡建设缺乏特色。一些城市景观结构与所处区域的自然地理特征不协调,部分城市贪大求洋、照搬照抄,脱离实际建设国际大都市,"建设性"破坏不断蔓延,城市的自然和文化个性被破坏。一些农村地区大拆大建,照搬城市小区模式建设新农村,简单用城市元素与风格取代传统民居和田园风光,导致乡土特色和民俗文化流失。

——体制机制不健全,阻碍了城镇化健康发展。现行城乡分割的户籍管理、土地管理、社会保障制度,以及财税金融、行政管理等制度,固化着已经形成的城乡利益失衡格局,制约着农业转移人口市民化,阻碍着城乡发展一体化。

第三章 发展态势

根据世界城镇化发展普遍规律,我国仍处于城镇化率30%—70%的快速发展区间,但延续过去传统粗放的城镇化模式,会带来产业升级缓慢、资源环境恶化、社会矛盾增多等诸多风险,可能落入"中等收入陷阱",进而影响现代化进程。随着内外部环境和条件的深刻变化,城镇化必须进入以提升质量为主的转型发展新阶段。

——城镇化发展面临的外部挑战日益严峻。在全球经济再平衡和产业格局再调整的背景下,全球供给结构和需求结构正在发生深刻变化,庞大生产能力与有限市场空间的矛盾更加突出,国际市场竞争更加激烈,我国面临产业转型升级和消化严重过剩产能的挑战巨大;发达国家能源资源消费总量居高不下,人口庞大的新兴市场国家和发展中国家对能源资源的需求迅速膨胀,全球资源供需矛盾和碳排放权争夺更加尖锐,我国能源资源和生态环境面临的国际压力前所未有,传统高投入、高消耗、高排放的工业化城镇化发展模式难以为继。

——城镇化转型发展的内在要求更加紧迫。随着我国农业富余劳动力减少和人口老龄化程度提高，主要依靠劳动力廉价供给推动城镇化快速发展的模式不可持续；随着资源环境瓶颈制约日益加剧，主要依靠土地等资源粗放消耗推动城镇化快速发展的模式不可持续；随着户籍人口与外来人口公共服务差距造成的城市内部二元结构矛盾日益凸显，主要依靠非均等化基本公共服务压低成本推动城镇化快速发展的模式不可持续。工业化、信息化、城镇化和农业现代化发展不同步，导致农业根基不稳、城乡区域差距过大、产业结构不合理等突出问题。我国城镇化发展由速度型向质量型转型势在必行。

——城镇化转型发展的基础条件日趋成熟。改革开放 30 多年，来我国经济快速增长，为城镇化转型发展奠定了良好物质基础。国家着力推动基本公共服务均等化，为农业转移人口市民化创造了条件。交通运输网络的不断完善、节能环保等新技术的突破应用，以及信息化的快速推进，为优化城镇化空间布局和形态，推动城镇可持续发展提供了有力支撑。各地在城镇化方面的改革探索，为创新体制机制积累了经验。

第二篇

指导思想和发展目标

我国城镇化是在人口多、资源相对短缺、生态环境比较脆弱、城乡区域发展不平衡的背景下推进的，这决定了我国必须从社会主义初级阶段这个最大实际出发，遵循城镇化发展规律，走中国特色新型城镇化道路。

第四章　指导思想

要坚持以下基本原则：

——以人为本，公平共享。以人的城镇化为核心，合理引导人口流动,有序推进农业转移人口市民化,稳步推进城镇基本公共服务常住人口全覆盖,不断提高人口素质,促进人的全面发展和社会公平正义,使全体居民共享现代化建设成果。

——四化同步,统筹城乡。推动信息化和工业化深度融合、工业化和城镇化良性互动、城镇化和农业现代化相互协调,促进城镇发展与产业支撑、就业转移和人口集聚相统一,促进城乡要素平等交换和公共资源均衡配置,形成以工促农、以城带乡、工农互惠、城乡一体的新型工农、城乡关系。

——优化布局,集约高效。根据资源环境承载能力构建科学合理的城镇化宏观布局,以综合交通网络和信息网络为依托,科学规划建设城市群,严格控制城镇建设用地规模,严格划定永久基本农田,合理控制城镇开发边界,优化城市内部空间结构,促进城市紧凑发展,提高国土空间利用效率。

——生态文明,绿色低碳。把生态文明理念全面融入城镇化进程,着力推进绿色发展、循环发展、低碳发展,节约集约利用土地、水、能源等资源,强化环境保护和生态修复,减少对自然的干扰和损害,推动形成绿色低碳的生产生活方式和城市建设运营模式。

——文化传承,彰显特色。根据不同地区的自然历史文化禀赋,体现区域差异性,提倡形态多样性,防止千城一面,发展有历史记忆、文化脉络、地域风貌、民族特点的美丽城镇,形成符合实际、各具特色的城镇化发展模式。

——市场主导,政府引导。正确处理政府和市场关系,更加尊重市场规律,坚持使市场在资源配置中起决定性作用,更好发挥政府作用,切实履行政府制定规划政策、提供公共服务和营造制度环境的重要职责,使城镇化成为市场主导、自然发展的过程,成为政府引导、科学发展的过程。

——统筹规划,分类指导。中央政府统筹总体规划、战略布局和制度安排，加强分类指导；地方政府因地制宜、循序渐进抓好贯彻落实；尊重基层首创精神，鼓励探索创新和试点先行，凝聚各方共识，实现重点突破，总结推广经验，积极稳妥扎实有序推进新型城镇化。

第五章　发展目标

——城镇化水平和质量稳步提升。城镇化健康有序发展，常住人口城镇化率达到60%左右，户籍人口城镇化率达到45%左右，户籍人口城镇化率与常住人口城镇化率差距缩小2个百分点左右，努力实现1亿左右农业转移人口和其他常住人口在城镇落户。

——城镇化格局更加优化。"两横三纵"为主体的城镇化战略格局基本形成，城市群集聚经济、人口能力明显增强，东部地区城市群一体化水平和国际竞争力明显提高，中西部地区城市群成为推动区域协调发展的新的重要增长极。城市规模结构更加完善，中心城市辐射带动作用更加突出，中小城市数量增加，小城镇服务功能增强。

——城市发展模式科学合理。密度较高、功能混用和公交导向的集约紧凑型开发模式成为主导，人均城市建设用地严格控制在100平方米以内，建成区人口密度逐步提高。绿色生产、绿色消费成为城市经济生活的主流，节能节水产品、再生利用产品和绿色建筑比例大幅提高。城市地下管网覆盖率明显提高。

——城市生活和谐宜人。稳步推进义务教育、就业服务、基本养老、基本医疗卫生、保障性住房等城镇基本公共服务覆盖全部常住人口，基础设施和公共服务设施更加完善，消费环境更加便利，生态环境明显改善，空气质量逐步好转，饮用水安全得到保障。自然景观和文化特色得到有效保护，城市发展个性化，城市管理人性化、智能化。

——城镇化体制机制不断完善。户籍管理、土地管理、社会保障、财税金融、行政管理、生态环境等制度改革取得重大进展，阻碍城镇化健康发展的体制机制障碍基本消除。

第三篇

有序推进农业转移人口市民化

按照尊重意愿、自主选择，因地制宜、分步推进，存量优先、带动增量的原则，以农业转移人口为重点，兼顾高校和职业技术院校毕业生、城镇间异地就业人员和城区城郊农业人口，统筹推进户籍制度改革和基本公共服务均等化。

第六章 推进符合条件农业转移人口落户城镇

逐步使符合条件的农业转移人口落户城镇，不仅要放开小城镇落户限制，也要放宽大中城市落户条件。

第一节 健全农业转移人口落户制度

各类城镇要健全农业转移人口落户制度，根据综合承载能力和发展潜力，以就业年限、居住年限、城镇社会保险参保年限等为基准条件，因地制宜制定具体的农业转移人口落户标准，并向全社会公布，引导农业转移人口在城镇落户的预期和选择。

第二节 实施差别化落户政策

以合法稳定就业和合法稳定住所（含租赁）等为前置条件，全面放开建制镇和小城市落户限制，有序放开城区人口50万—100万的城市落户限制，合理放开城区人口100万—300万的大城市落户限制，合理确定城区人口300万—500万的大城市落户条件，严格控制城区人口500万以上的特大城市人口规模。大中城市可设置参加城镇社会保险年限的要求，但最高年限不得超过5年。特大城市可采取积分制等方式设置阶梯式落户通道调控落户规模和节奏。

第七章 推进农业转移人口享有城镇基本公共服务

农村劳动力在城乡间流动就业是长期现象，按照保障基本、循序渐进的原则,积极推进城镇基本公共服务由主要对本地户籍人口提供向对常住人口提供转变,逐步解决在城镇就业居住但未落户的农业转移人口享有城镇基本公共服务问题。

第一节 保障随迁子女平等享有受教育权利

建立健全全国中小学生学籍信息管理系统,为学生学籍转接提供便捷服务。将农民工随迁子女义务教育纳入各级政府教育发展规划和财政保障范畴,合理规划学校布局,科学核定教师编制,足额拨付教育经费,保障农民工随迁子女以公办学校为主接受义务教育。对未能在公办学校就学的,采取政府购买服务等方式,保障农民工随迁子女在普惠性民办学校接受义务教育的权利。逐步完善农民工随迁子女在流入地接受中等职业教育免学费和普惠性学前教育的政策,推动各地建立健全农民工随迁子女接受义务教育后在流入地参加升学考试的实施办法。

第二节 完善公共就业创业服务体系

加强农民工职业技能培训,提高就业创业能力和职业素质。整合职业教育和培训资源,全面提供政府补贴职业技能培训服务。强化企业开展农民工岗位技能培训责任,足额提取并合理使用职工教育培训经费。鼓励高等学校、各类职业院校和培训机构积极开展职业教育和技能培训,推进职业技能实训基地建设。鼓励农民工取得职业资格证书和专项职业能力证书,并按规定给予职业技能鉴定补贴。加大农民工创业政策扶持力度,健全农民工劳动权益保护机制。实现就业信息全国联网,为农民工提供免费的就业信息和政策咨询。

第三节 扩大社会保障覆盖面

扩大参保缴费覆盖面,适时适当降低社会保险费率。完善职工基本养老保险制度,实现基础养老金全国统筹,鼓励农民工积极参保、连续参保。依法将农民工纳入城镇职工基本医疗保险,允许灵活就业农民工参加当地城镇居民基本医疗保险。完善社会保险关系转移接续政策,在农村参加的养老保险和医疗保险规范接入城镇社保体系,建立全国统一的城乡居民基本养老保险制度，整合城乡居民基本医疗保险制度。强化企业缴费责任，扩大农民工参加城镇职工工伤保险、失业保险、生育保险比例。推进商业保险与社会保险衔接合作，开办各类补充性养老、医疗、健康保险。

第四节 改善基本医疗卫生条件

根据常住人口配置城镇基本医疗卫生服务资源，将农民工及其随迁家属纳入社区卫生服务体系，免费提供健康教育、妇幼保健、预防接种、传染病防控、计划生育等公共卫生服务。加强农民工聚居地疾病监测、疫情处理和突发公共卫生事件应对。鼓励有条件的地方将符合条件的农民工及其随迁家属纳入当地医疗救助范围。

第五节 拓宽住房保障渠道

采取廉租住房、公共租赁住房、租赁补贴等多种方式改善农民工居住条件。完善商品房配建保障性住房政策，鼓励社会资本参与建设。农民工集中的开发区和产业园区可以建设单元型或宿舍型公共租赁住房，农民工数量较多的企业可以在符合规定标准的用地范围内建设农民工集体宿舍。审慎探索由集体经济组织利用农村集体建设用地建设公共租赁住房。把进城落户农民完全纳入城镇住房保障体系。

第八章 建立健全农业转移人口市民化推进机制

强化各级政府责任，合理分担公共成本，充分调动社会力量，构建政府主导、多方参与、成本共担、协同推进的农业转移人口市民化机制。

第一节 建立成本分担机制

建立健全由政府、企业、个人共同参与的农业转移人口市民化成本分担机制，根据农业转移人口市民化成本分类，明确成本承担主体和支出责任。

政府要承担农业转移人口市民化在义务教育、劳动就业、基本养老、基本医疗卫生、保障性住房以及市政设施等方面的公共成本。企业要落实农民工与城镇职工同工同酬制度，加大职工技能培训投入，依法为农民工缴纳职工养老、医疗、工伤、失业、生育等社会保险费用。农民工要积极参加城镇社会保险、职业教育和技能培训等，并按照规定承担相关费用，提升融入城市社会的能力。

第二节 合理确定各级政府职责

中央政府负责统筹推进农业转移人口市民化的制度安排和政策制定，省级政府负责制定本行政区农业转移人口市民化总体安排和配套政策，市县政府负责制定本行政区城市和建制镇农业转移人口市民化的具体方案和实施细则。各级政府根据基本公共服务的事权划分，承担相应的财政支出责任，增强农业转移人口落户较多地区政府的公共服务保障能力。

第三节 完善农业转移人口社会参与机制

推进农民工融入企业、子女融入学校、家庭融入社区、群体融入社会，建设包容性城市。提高各级党代会代表、人大代表、政协委员中农民工的比例，积极引导农民工参加党组织、工会和社团组织，引导农业转移人口有序参政议政和参加社会管理。加强科普宣传教育，提高农民工科学文化和文明素质，营造农业转移人口参与社区公共活动、建设和管理的氛围。城市政府和用工企业要加强对农业转移人口的人文关怀，丰富其精神文化生活。

第九章 优化提升东部地区城市群

东部地区城市群主要分布在优化开发区域，面临水土资源和生态环境压力加大、要素成本快速上升、国际市场竞争加剧等制约，必须加快经济转型升级、空间结构优化、资源永续利用和环境质量提升。

京津冀、长江三角洲和珠江三角洲城市群，是我国经济最具活力、开放程度最高、创新能力最强、吸纳外来人口最多的地区，要以建设世界级城市群为目标,继续在制度创新、科技进步、产业升级、绿色发展等方面走在全国前列,加快形成国际竞争新优势,在更高层次参与国际合作和竞争,发挥其对全国经济社会发展的重要支撑和引领作用。科学定位各城市功能,增强城市群内中小城市和小城镇的人口经济集聚能力,引导人口和产业由特大城市主城区向周边和其他城镇疏散转移。依托河流、湖泊、山峦等自然地理格局建设区域生态网络。

东部地区其他城市群,要根据区域主体功能定位,在优化结构、提高效益、降低消耗、保护环境的基础上,壮大先进装备制造业、战略性新兴产业和现代服务业,推进海洋经济发展。充分发挥区位优势,全面提高开放水平,集聚创新要素,增强创新能力,提升国际竞争力。统筹区域、城乡基础设施网络和信息网络建设,深化城市间分工协作和功能互补,加快一体化发展。

第十章 培育发展中西部地区城市群

中西部城镇体系比较健全、城镇经济比较发达、中心城市辐射带动作用明显的重点开发区域,要在严格保护生态环境的基础上,引导有市场、有效益的劳动密集型产业优先向中西部转移,吸纳东部返乡和就近转移的农民工,加快产业集群发展和人口集聚,培育发展若干新的城市群,在优化全国城镇化战略格局中发挥更加重要作用。

加快培育成渝、中原、长江中游、哈长等城市群,使之成为推动国土空间均衡开发、引领区域经济发展的重要增长极。加大对内对外开放力度,有序承接国际及沿海地区产业转移,依托优势资源发展特色产业,加快新型工业化进程,壮大现代产业体系,完善基础设施网络,健全功能完备、布局合理的城镇体系,强化城市分工合作,提升中心城市辐射带动能力,形成经济充满活力、生活品质优良、生态环境优美的新型城市群。依托陆桥通道上的城市群和节点城市,构建丝绸之路经济带,推动形成与中亚乃至整个欧亚大陆的区域大合作。

中部地区是我国重要粮食主产区，西部地区是我国水源保护区和生态涵养区。培育发展中西部地区城市群，必须严格保护耕地特别是基本农田，严格保护水资源，严格控制城市边界无序扩张，严格控制污染物排放，切实加强生态保护和环境治理，彻底改变粗放低效的发展模式，确保流域生态安全和粮食生产安全。

第十一章　建立城市群发展协调机制

统筹制定实施城市群规划，明确城市群发展目标、空间结构和开发方向，明确各城市的功能定位和分工，统筹交通基础设施和信息网络布局，加快推进城市群一体化进程。加强城市群规划与城镇体系规划、土地利用规划、生态环境规划等的衔接，依法开展规划环境影响评价。中央政府负责跨省级行政区的城市群规划编制和组织实施，省级政府负责本行政区内的城市群规划编制和组织实施。

建立完善跨区域城市发展协调机制。以城市群为主要平台，推动跨区域城市间产业分工、基础设施、环境治理等协调联动。重点探索建立城市群管理协调模式，创新城市群要素市场管理机制，破除行政壁垒和垄断，促进生产要素自由流动和优化配置。建立城市群成本共担和利益共享机制，加快城市公共交通"一卡通"服务平台建设，推进跨区域互联互通，促进基础设施和公共服务设施共建共享，促进创新资源高效配置和开放共享，推动区域环境联防联控联治，实现城市群一体化发展。

第十二章　促进各类城市协调发展

优化城镇规模结构，增强中心城市辐射带动功能，加快发展中小城市，有重点地发展小城镇，促进大中小城市和小城镇协调发展。

第一节　增强中心城市辐射带动功能

直辖市、省会城市、计划单列市和重要节点城市等中心城市，是我国城镇化发展的重要支撑。沿海中心城市要加快产业转型升级，提高参与全球产业分工的层次，延伸面向腹地的产业和服务链，加快提升国际化程度和国际竞争力。内陆中心城市要加大开发开放力度，健全以先进制造业、战略性新兴产业、现代服务业为主的产业体系，提升要素集聚、科技创新、高端服务能力，发挥规模效应和带动效应。区域重要节点城市要完善城市功能，壮大经济实力，加强协作对接，实现集约发展、联动发展、互补发展。特大城市要适当疏散经济功能和其他功能，推进劳动密集型加工业向外转移，加强与周边城镇基础设施连接和公共服务共享，推进中心城区功能向1小时交通圈地区扩散，培育形成通勤高效、一体发展的都市圈。

第二节 加快发展中小城市

把加快发展中小城市作为优化城镇规模结构的主攻方向，加强产业和公共服务资源布局引导，提升质量，增加数量。鼓励引导产业项目在资源环境承载力强、发展潜力大的中小城市和县城布局，依托优势资源发展特色产业，夯实产业基础。加强市政基础设施和公共服务设施建设，教育医疗等公共资源配置要向中小城市和县城倾斜，引导高等学校和职业院校在中小城市布局、优质教育和医疗机构在中小城市设立分支机构，增强集聚要素的吸引力。完善设市标准，严格审批程序，对具备行政区划调整条件的县可有序改市，把有条件的县城和重点镇发展成为中小城市。培育壮大陆路边境口岸城镇，完善边境贸易、金融服务、交通枢纽等功能，建设国际贸易物流节点和加工基地。

第三节 有重点地发展小城镇

按照控制数量、提高质量，节约用地、体现特色的要求，推动小城镇发展与疏解大城市中心城区功能相结合、与特色产业发展相结合、与服务"三农"相结合。大城市周边的重点镇，要加强与城市发展的统筹规划与功能配套，逐步发展成为卫星城。具有特色资源、区位优势的小城镇，要通过规划引导、市场运作，培育成为文化旅游、商贸物流、资源加工、交通枢纽等专业特色镇。远离中心城市的小城镇和林场、农场等，要完善基础设施和公共服务，发展成为服务农村、带动周边的综合性小城镇。对吸纳人口多、经济实力强的镇，可赋予同人口和经济规模相适应的管理权。

第十三章　强化综合交通运输网络支撑

完善综合运输通道和区际交通骨干网络，强化城市群之间交通联系，加快城市群交通一体化规划建设，改善中小城市和小城镇对外交通，发挥综合交通运输网络对城镇化格局的支撑和引导作用。到2020年，普通铁路网覆盖20万以上人口城市，快速铁路网基本覆盖50万以上人口城市；普通国道基本覆盖县城，国家高速公路基本覆盖20万以上人口城市；民用航空网络不断扩展，航空服务覆盖全国90%左右的人口。

第一节　完善城市群之间综合交通运输网络

依托国家"五纵五横"综合运输大通道，加强东中部城市群对外交通骨干网络薄弱环节建设，加快西部城市群对外交通骨干网络建设，形成以铁路、高速公路为骨干，以普通国省道为基础，与民航、水路和管道共同组成的连接东西、纵贯南北的综合交通运输网络，支撑国家"两横三纵"城镇化战略格局。

第二节　构建城市群内部综合交通运输网络

按照优化结构的要求，在城市群内部建设以轨道交通和高速公路为骨干，以普通公路为基础，有效衔接大中小城市和小城镇的多层次快速交通运输网络。提升东部地区城市群综合交通运输一体化水平，建成以城际铁路、高速公路为主体的快速客运和大能力货运网络。推进中西部地区城市群内主要城市之间的快速铁路、高速公路建设，逐步形成城市群内快速交通运输网络。

第三节　建设城市综合交通枢纽

建设以铁路、公路客运站和机场等为主的综合客运枢纽，以铁路和公路货运场站、港口和机场等为主的综合货运枢纽，优化布局，提升功能。依托综合交通枢纽，加强铁路、公路、民航、水运与城市轨道交通、地面公共交通等多种交通方式的衔接，完善集疏运系统与配送系统，实现客运"零距离"换乘和货运无缝衔接。

第四节 改善中小城市和小城镇交通条件

加强中小城市和小城镇与交通干线、交通枢纽城市的连接，加快国省干线公路升级改造，提高中小城市和小城镇公路技术等级、通行能力和铁路覆盖率，改善交通条件，提升服务水平。

第五篇

提高城市可持续发展能力

加快转变城市发展方式，优化城市空间结构，增强城市经济、基础设施、公共服务和资源环境对人口的承载能力，有效预防和治理"城市病"，建设和谐宜居、富有特色、充满活力的现代城市。

第十四章 强化城市产业就业支撑

调整优化城市产业布局和结构，促进城市经济转型升级，改善营商环境，增强经济活力，扩大就业容量，把城市打造成为创业乐园和创新摇篮。

第一节 优化城市产业结构

根据城市资源环境承载能力、要素禀赋和比较优势，培育发展各具特色的城市产业体系。改造提升传统产业，淘汰落后产能，壮大先进制造业和节能环保、新一代信息技术、生物、新能源、新材料、新能源汽车等战略性新兴产业。适应制造业转型升级要求，推动生产性服务业专业化、市场化、社会化发展，引导生产性服务业在中心城市、制造业密集区域集聚；适应居民消费需求多样化，提升生活性服务业水平，扩大服务供给，提高服务质量，推动特大城市和大城市形成以服务经济为主的产业结构。强化城市间专业化分工协作，增强中小城市产业承接能力，构建大中小城市和小城镇特色鲜明、优势互补的产业发展格局。推进城市污染企业治理改造和环保搬迁。支持资源枯竭城市发展接续替代产业。

第二节 增强城市创新能力

顺应科技进步和产业变革新趋势，发挥城市创新载体作用，依托科技、教育和人才资源优势，推动城市走创新驱动发展道路。营造创新的制度环境、政策环境、金融环境和文化氛围，激发全社会创新活力，推动技术创新、商业模式创新和管理创新。建立产学研协同创新机制，强化企业在技术创新中的主体地位，发挥大型企业创新骨干作用，激发中小企业创新活力。建设创新基地，集聚创新人才，培育创新集群，完善创新服务体系，发展创新公共平台和风险投资机构，推进创新成果资本化、产业化。加强知识产权运用和保护，健全技术创新激励机制。推动高等学校提高创新人才培养能力，加快现代职业教育体系建设，系统构建从中职、高职、本科层次职业教育到专业学位研究生教育的技术技能人才培养通道，推进中高职衔接和职普沟通。引导部分地方本科高等学校转型发展为应用技术类型高校。试行普通高校、高职院校、成人高校之间的学分转换，为学生多样化成才提供选择。

第三节 营造良好就业创业环境

发挥城市创业平台作用，充分利用城市规模经济产生的专业化分工效应，放宽政府管制，降低交易成本，激发创业活力。完善扶持创业的优惠政策，形成政府激励创业、社会支持创业、劳动者勇于创业新机制。运用财政支持、税费减免、创业投资引导、政策性金融服务、小额贷款担保等手段，为中小企业特别是创业型企业发展提供良好的经营环境，促进以创业带动就业。促进以高校毕业生为重点的青年就业和农村转移劳动力、城镇困难人员、退役军人就业。结合产业升级开发更多适合高校毕业生的就业岗位，实行激励高校毕业生自主创业政策，实施离校未就业高校毕业生就业促进计划。合理引导高校毕业生就业流向，鼓励其到中小城市创业就业。

第十五章　优化城市空间结构和管理格局

按照统一规划、协调推进、集约紧凑、疏密有致、环境优先的原则，统筹中心城区改造和新城新区建设，提高城市空间利用效率，改善城市人居环境。

第一节　改造提升中心城区功能

推动特大城市中心城区部分功能向卫星城疏散，强化大中城市中心城区高端服务、现代商贸、信息中介、创意创新等功能。完善中心城区功能组合，统筹规划地上地下空间开发，推动商业、办公、居住、生态空间与交通站点的合理布局与综合利用开发。制定城市市辖区设置标准，优化市辖区规模和结构。按照改造更新与保护修复并重的要求，健全旧城改造机制，优化提升旧城功能。加快城区老工业区搬迁改造，大力推进棚户区改造，稳步实施城中村改造，有序推进旧住宅小区综合整治、危旧住房和非成套住房改造，全面改善人居环境。

第二节　严格规范新城新区建设

严格新城新区设立条件，防止城市边界无序蔓延。因中心城区功能过度叠加、人口密度过高或规避自然灾害等原因，确需规划建设新城新区，必须以人口密度、产出强度和资源环境承载力为基准，与行政区划相协调，科学合理编制规划，严格控制建设用地规模，控制建设标准过度超前。统筹生产区、办公区、生活区、商业区等功能区规划建设，推进功能混合和产城融合，在集聚产业的同时集聚人口，防止新城新区空心化。加强现有开发区城市功能改造，推动单一生产功能向城市综合功能转型，为促进人口集聚、发展服务经济拓展空间。

第三节　改善城乡接合部环境

提升城乡接合部规划建设和管理服务水平，促进社区化发展，增强服务城市、带动农村、承接转移人口功能。加快城区基础设施和公共服务设施向城乡接合部地区延伸覆盖，规范建设行为，加强环境整治和社会综合治理，改善生活居住条件。保护生态用地和农用地，形成有利于改善城市生态环境质量的生态缓冲地带。

第十六章　提升城市基本公共服务水平

加强市政公用设施和公共服务设施建设，增加基本公共服务供给，增强对人口集聚和服务的支撑能力。

第一节　优先发展城市公共交通

将公共交通放在城市交通发展的首要位置，加快构建以公共交通为主体的城市机动化出行系统，积极发展快速公共汽车、现代有轨电车等大容量地面公共交通系统，科学有序推进城市轨道交通建设。优化公共交通站点和线路设置，推动形成公共交通优先通行网络，提高覆盖率、准点率和运行速度，基本实现100万人口以上城市中心城区公共交通站点500米全覆盖。强化交通综合管理，有效调控、合理引导个体机动化交通需求。推动各种交通方式、城市道路交通管理系统的信息共享和资源整合。

第二节　加强市政公用设施建设

建设安全高效便利的生活服务和市政公用设施网络体系。优化社区生活设施布局，健全社区养老服务体系，完善便民利民服务网络，打造包括物流配送、便民超市、平价菜店、家庭服务中心等在内的便捷生活服务圈。加强无障碍环境建设。合理布局建设公益性菜市场、农产品批发市场。统筹电力、通信、给排水、供热、燃气等地下管网建设，推行城市综合管廊，新建城市主干道路、城市新区、各类园区应实行城市地下管网综合管廊模式。加强城镇水源地保护与建设和供水设施改造与建设，确保城镇供水安全。加强防洪设施建设，完善城市排水与暴雨外洪内涝防治体系，提高应对极端天气能力。建设安全可靠、技术先进、管理规范的新型配电网络体系，加快推进城市清洁能源供应设施建设，完善燃气输配、储备和供应保障系统，大力发展热电联产，淘汰燃煤小锅炉。加强城镇污水处理及再生利用设施建设，推进雨污分流改造和污泥无害化处置。提高城镇生活垃圾无害化处理能力。合理布局建设城市停车场和立体车库，新建大中型商业设施要配建货物装卸作业区和停车场，新建办公区和住宅小区要配建地下停车场。

第三节　完善基本公共服务体系

根据城镇常住人口增长趋势和空间分布，统筹布局建设学校、医疗卫生机构、文化设施、体育场所等公共服务设施。优化学校布局和建设规模，合理配置中小学和幼儿园资源。加强社区卫生服务机构建设，健全与医院分工协作、双向转诊的城市医疗服务体系。完善重大疾病防控、妇幼保健等专业公共卫生和计划生育服务网络。加强公共文化、公共体育、就业服务、社保经办和便民利民服务设施建设。创新公共服务供给方式，引入市场机制，扩大政府购买服务规模，实现供给主体和方式多元化，根据经济社会发展状况和财力水平，逐步提高城镇居民基本公共服务水平，在学有所教、劳有所得、病有所医、老有所养、住有所居上持续取得新进展。

第十七章　提高城市规划建设水平

适应新型城镇化发展要求，提高城市规划科学性，加强空间开发管制，健全规划管理体制机制，严格建筑规范和质量管理，强化实施监督，提高城市规划管理水平和建筑质量。

第一节　创新规划理念

……

第二节　完善规划程序

……

第三节　强化规划管控

……

第四节　严格建筑质量管理

……

第十八章　推动新型城市建设

顺应现代城市发展新理念新趋势，推动城市绿色发展，提高智能化水平，增强历史文化魅力，全面提升城市内在品质。

第一节　加快绿色城市建设

……

第二节　推进智慧城市建设

……

第三节　注重人文城市建设

……

第十九章　加强和创新城市社会治理

树立以人为本、服务为先理念，完善城市治理结构，创新城市治理方式，提升城市社会治理水平。

第一节　完善城市治理结构

……

第二节　强化社区自治和服务功能

……

第三节　创新社会治安综合治理

……

第四节　健全防灾减灾救灾体制

……

第六篇

推动城乡发展一体化

坚持工业反哺农业、城市支持农村和多予少取放活方针，加大统筹城乡发展力度，增强农村发展活力，逐步缩小城乡差距，促进城镇化和新农村建设协调推进。

第二十章　完善城乡发展一体化体制机制

加快消除城乡二元结构的体制机制障碍，推进城乡要素平等交换和公共资源均衡配置，让广大农民平等参与现代化进程、共同分享现代化成果。

第一节　推进城乡统一要素市场建设

……

第二节　推进城乡规划、基础设施和公共服务一体化

……

第二十一章　加快农业现代化进程

坚持走中国特色新型农业现代化道路，加快转变农业发展方式，提高农业综合生产能力、抗风险能力、市场竞争能力和可持续发展能力。

第一节　保障国家粮食安全和重要农产品有效供给

……

第二节　提升现代农业发展水平

……

第三节　完善农产品流通体系

……

第二十二章　建设社会主义新农村

坚持遵循自然规律和城乡空间差异化发展原则，科学规划县域村镇体系，统筹安排农村基础设施建设和社会事业发展，建设农民幸福生活的美好家园。

第一节　提升乡镇村庄规划管理水平

……

第二节 加强农村基础设施和服务网络建设

……

第三节 加快农村社会事业发展

……

第七篇

改革完善城镇化发展体制机制

加强制度顶层设计，尊重市场规律，统筹推进人口管理、土地管理、财税金融、城镇住房、行政管理、生态环境等重点领域和关键环节体制机制改革，形成有利于城镇化健康发展的制度环境。

第二十三章 推进人口管理制度改革

……

第二十四章 深化土地管理制度改革

实行最严格的耕地保护制度和集约节约用地制度，按照管住总量、严控增量、盘活存量的原则，创新土地管理制度，优化土地利用结构，提高土地利用效率，合理满足城镇化用地需求。

——建立城镇用地规模结构调控机制。严格控制新增城镇建设用地规模，严格执行城市用地分类与规划建设用地标准，实行增量供给与存量挖潜相结合的供地、用地政策，提高城镇建设使用存量用地比例。探索实行城镇建设用地增加规模与吸纳农业转移人口落户数量挂钩政策。有效控制特大城市新增建设用地规模，适度增加集约用地程度高、发展潜力大、吸纳人口多的卫星城、中小城市和县城建设用地供给。适当控制工业用地，优先安排和增加住宅用地，合理安排生态用地，保护城郊菜地和水田，统筹安排基础设施和公共服务设施用地。建立有效调节工业用地和居住用地合理比价机制，提高工业用地价格。

——健全节约集约用地制度。完善各类建设用地标准体系，严格执行土地使用标准，适当提高工业项目容积率、土地产出率门槛，探索实行长期租赁、先租后让、租让结合的工业用地供应制度，加强工程建设项目用地标准控制。建立健全规划统筹、政府引导、市场运作、公众参与、利益共享的城镇低效用地再开发激励约束机制，盘活利用现有城镇存量建设用地，建立存量建设用地退出激励机制，推进老城区、旧厂房、城中村的改造和保护性开发，发挥政府土地储备对盘活城镇低效用地的作用。加强农村土地综合整治，健全运行机制，规范推进城乡建设用地增减挂钩，总结推广工矿废弃地复垦利用等做法。禁止未经评估和无害化治理的污染场地进行土地流转和开发利用。完善土地租赁、转让、抵押二级市场。

——深化国有建设用地有偿使用制度改革。扩大国有土地有偿使用范围，逐步对经营性基础设施和社会事业用地实行有偿使用。减少非公益性用地划拨，对以划拨方式取得用于经营性项目的土地，通过征收土地年租金等多种方式纳入有偿使用范围。

——推进农村土地管理制度改革。全面完成农村土地确权登记颁证工作，依法维护农民土地承包经营权。在坚持和完善最严格的耕地保护制度前提下，赋予农民对承包地占有、使用、收益、流转及承包经营权抵押、担保权能。保障农户宅基地用益物权，改革完善农村宅基地制度，在试点基础上慎重稳妥推进农民住房财产权抵押、担保、转让，严格执行宅基地使用标准，严格禁止一户多宅。在符合规划和用途管制前提下，允许农村集体经营性建设用地出让、租赁、入股，实行与国有土地同等入市、同权同价。建立农村产权流转交易市场，推动农村产权流转交易公开、公正、规范运行。

——深化征地制度改革。缩小征地范围，规范征地程序，完善对被征地农民合理、规范、多元保障机制。建立兼顾国家、集体、个人的土地增值收益分配机制，合理提高个人收益，保障被征地农民长远发展生计。健全争议协调裁决制度。

——强化耕地保护制度。严格土地用途管制，统筹耕地数量管控和质量、生态管护，完善耕地占补平衡制度，建立健全耕地保护激励约束机制。落实地方各级政府耕地保护责任目标考核制度，建立健全耕地保护共同责任机制；加强基本农田管理，完善基本农田永久保护长效机制，强化耕地占补平衡和土地整理复垦监管。

第二十五章　创新城镇化资金保障机制

……

第二十六章　健全城镇住房制度

……

第二十七章　强化生态环境保护制度

……

第八篇

规划实施

本规划由国务院有关部门和地方各级政府组织实施。各地区各部门要高度重视、求真务实、开拓创新、攻坚克难，确保规划目标和任务如期完成。

第二十八章　加强组织协调

……

第二十九章 强化政策统筹

……

第三十章 开展试点示范

……

第三十一章 健全监测评估

……

二、《中华人民共和国环境保护法》（部分）

第一章 总则

第一条 为保护和改善生活环境与生态环境，防治污染和其他公害，保障人体健康，促进社会主义现代化建设的发展，制定本法。

第二条 本法所称环境，是指影响人类生存和发展的各种天然的和经过人工改造的自然因素的总体，包括大气、水、海洋、土地、矿藏、森林、草原、野生生物、自然遗迹、人文遗迹、自然保护区、风景名胜区、城市和乡村等。

第三条 本法适用于中华人民共和国领域和中华人民共和国管辖的其他海域。

第四条 国家制定的环境保护规划必须纳入国民经济和社会发展计划，国家采取有利于环境保护的经济、技术政策和措施，使环境保护工作同经济建设和社会发展相协调。

第五条 国家鼓励环境保护科学教育事业的发展，加强环境保护科学技术的研究和开发，提高环境保护科学技术水平，普及环境保护的科学知识。

第六条　一切单位和个人都有保护环境的义务，并有权对污染和破坏环境的单位和个人进行检举和控告。

第七条　国务院环境保护行政主管部门，对全国环境保护工作实施统一监督管理。县级以上地方人民政府环境保护行政主管部门，对本辖区的环境保护工作实施统一监督管理。国家海洋行政主管部门、港务监督、渔政渔港监督、军队环境保护部门和各级公安、交通、铁道、民航管理部门，依照有关法律的规定对环境污染防治实施监督管理。县级以上人民政府的土地、矿产、林业、农业、水利行政主管部门，依照有关法律的规定对资源的保护实施监督管理。

第八条　对保护和改善环境有显著成绩的单位和个人，由人民政府给予奖励。

第二章　环境监督管理

第九条　国务院环境保护行政主管部门制定国家环境质量标准。省、自治区、直辖市人民政府对国家环境质量标准中未做规定的项目，可以制定地方环境质量标准，并报国务院环境保护行政主管部门备案。

第十条　国务院环境保护行政主管部门根据国家环境质量标准和国家经济、技术条件，制定国家污染物排放标准。省、自治区、直辖市人民政府对国家污染物排放标准中未做规定的项目，可以制定地方污染物排放标准；对国家污染物排放标准中已做规定的项目，可以制定严于国家污染物排放标准的地方污染物排放标准。地方污染物排放标准须报国务院环境保护行政主管部门备案。凡是向已有地方污染物排放标准的区域排放污染物的，应当执行地方污染物排放标准。

第十一条　国务院环境保护行政主管部门建立监测制度，制定监测规范，会同有关部门组织监测网络，加强对环境监测的管理。国务院和省、自治区、直辖市人民政府的环境保护行政主管部门，应当定期发布环境状况公报。

第十二条 县级以上人民政府环境保护行政主管部门,应当会同有关部门对管辖范围内的环境状况进行调查和评价,拟定环境保护规划,经计划部门综合平衡后,报同级人民政府批准实施。

第十三条 建设污染环境的项目,必须遵守国家有关建设项目环境保护管理的规定。建设项目的环境影响报告书,必须对建设项目产生的污染和对环境的影响做出评价,规定防治措施,经项目主管部门预审并依照规定的程序报环境保护行政主管部门批准。环境影响报告书经批准后,计划部门方可批准建设项目设计任务书。

第十四条 县级以上人民政府环境保护行政主管部门或者其他依照法律规定行使环境监督管理权的部门,有权对管辖范围内的排污单位进行现场检查。被检查的单位应当如实反映情况,提供必要的资料。检查机关应当为被检查的单位保守技术秘密和业务秘密。

第十五条 跨行政区的环境污染和环境破坏的防治工作,由有关地方人民政府协商解决,或者由上级人民政府协调解决,做出决定。

第三章 保护和改善环境

第十六条 地方各级人民政府,应当对本辖区的环境质量负责,采取措施改善环境质量。

第十七条 各级人民政府对具有代表性的各种类型的自然生态系统区域,珍稀、濒危的野生动植物自然分布区域,重要的水源涵养区域,具有重大科学文化价值的地质构造、著名溶洞和化石分布区、冰川、火山、温泉等自然遗迹,以及人文遗迹、古树名木,应当采取措施加以保护,严禁破坏。

第十八条 在国务院、国务院有关主管部门和省、自治区、直辖市人民政府划定的风景名胜区、自然保护区和其他需要特别保护的区域内,不得建设污染环境的工业生产设施;建设其他设施,其污染物排放不得超过规定的排放标准。已经建成的设施，其污染物排放超过规定的排放标准的，限期治理。

第十九条　开发利用自然资源，必须采取措施保护生态环境。

第二十条　各级人民政府应当加强对农业环境的保护，防治土壤污染、土地沙化、盐渍化、贫瘠化、沼泽化、地面沉降化和防治植被破坏、水土流失、水源枯竭、种源灭绝以及其他生态失调现象的发生和发展，推广植物病虫害的综合防治，合理使用化肥、农药及植物生产激素。

……

附录二　相关资料

一、世界主要贸易港口城市

1. 香港维多利亚港

维多利亚港是天然的深水港，港口水域广阔，平均水深达12米，海底泥层亦没有淤泥阻塞，可同时容纳50艘万吨级的大型远洋轮船。另外，港口东面的鲤鱼门和西面的汲水门较窄，加上受九龙半岛和香港岛的群山所包围，港口四面环山，强风因而为山势所阻。港内又设有多个天然及人工的港湾与避风塘，足以让船只在平日甚至热带气旋来临时免受风浪侵袭。此外，由于香港气候暖和，港口终年不结冰，船只可自由进出。基于各项优秀条件，香港因而成为优良转口港。

2. 旧金山港

美国旧金山港是美国太平洋沿岸仅次于洛杉矶的第二大港。港区平均水深30米，潮差小，是个天然良港。港区有50个码头，每年约有8000多艘商船来往于此。输出大宗货物有工业品、石油制品、粮食、奶制品、水泥、蔬菜和水果罐头等；输入货物有石油、纸张、羊毛、咖啡、菜、蔗糖、热带水果等，年吞吐量5000万吨。

3. 里约热内卢港

里约热内卢港是巴西第二大城市和最大海港，南临大西洋。港湾口窄内宽，外有岛屿屏障，是著名的天然良港。码头长约6000米，有矿石、煤、石油等多种专业化码头和集装箱码头。进口主要物资有煤、石油等；出口主要有咖啡、蔗糖、皮革、铁、锰矿石等。年吞吐量3500万吨以上。

4. 横滨港

日本横滨港位于本州中部东京湾西岸，是日本最大的海港。横滨港岸线长约40千米，水深8—20米，水深港阔，很少受风浪影响。港区共计91个泊位，水深多在12米以内。此外，还有专用码头，水深达17米，可泊15万吨级大型散货船。每年有8万—9万艘船舶出入港口。出口主要是工业制成品，进口货物主要有原油、铁矿石等工业原料和粮食。年吞吐量为1.22亿吨。

5. 新加坡港

新加坡港位于马来半岛南面，扼马六甲海峡东口，有"东方十字路口"之称。港口有6个港区，60多个泊位，水深在8—11米之间。由于地处赤道，终年可畅通无阻。年进出船只约4万艘，货物吞吐量1.88亿吨。

6. 洛杉矶港

美国洛杉矶港是美国西海岸最大商港，岸线总长74千米，水深12—18米，可供18万吨以下船舶出入。主要运出货物有棉花、石油产品、飞机、橡胶、其他工业品；输入钢铁、木材、咖啡和其他原料。年吞吐量7000多万吨。

7. 温哥华港

加拿大温哥华港是加拿大第三大城市，也是最大海港。位于加拿大西南部太平洋沿岸，为天然良港，航道水深 8.23—20.5 米，潮差较小，终年不冻。温哥华内港口窄内宽，延伸 32 千米，水深 12 米。温哥华是世界最重要的小麦输出港之一，每年出口约 800 万吨小麦，还有煤、矿石、木材、纸浆、面粉、鱼品等；进口货物主要是咖啡、可可、糖、茶、钢铁、水泥等。年吞吐量 5000 万吨。

8. 开普敦港

南非开普敦港是南非的立法首都、第二大城市和重要港口。位于非洲大陆南端，为天然良港。港区有 3 个坞式港池，40 多个深水泊位，码头总长 11 千米。输出货物主要有水果、食品罐头、皮革、羊毛、纺织品等；输入货物主要为石油、机械设备等。年吞吐量为 1000 万吨。

9. 悉尼港

澳大利亚悉尼港是澳大利亚最大城市和重要港口。低潮时主航道水深 12.8 米，有 120 个泊位和长达 18 千米的装卸区。进口以石油产品为主，其次是木材和日用杂货；出口煤炭、羊毛和小麦。年吞吐量为 3000 万吨。

10. 利物浦港

英国利物浦港位于英格兰西海岸。港内水深约 10 米，是天然良港。码头全长 11 千米。出口工业品、钢铁、化学制品、机械和汽车等；进口货物有粮食、糖料、棉花、烟草、木材、金属及其他原料。年吞吐量为 3000 万吨。

11. 福斯港

福斯港位于法国东南沿海利翁（LION）湾东北岸，濒临地中海的西北侧，是法国最大的海港，港口性质为海湾港、自由港、基本港（C，M）。该港背山面海，没有强劲的潮汐和海流，航道安全、昼夜通航，是一个天然良港。该港共包括 4 个港区：马赛、福斯、布克及圣路易罗拉港区。码头岸线总长70多千米。福斯港区是世界上第一流的天然气运输港，港区宽阔，现代化程度高，水深达24米。布克港区主要为液化气码头，年通过能力达120万立方米（每小时约600立方米）。地下罐容量达35万立方米。马赛港是法国最大的修船港，有10个干船坞，最大可容纳80万吨级的船舶，能承接各种修理，每年平均修船达1200艘，相当于法国全部修船量的70%。

12. 热那亚港

意大利的热那亚港水域面积达230万平方米，有两条防波堤防护。港区由老港、新港和油港三部分组成，岸线总长约30千米，可停靠200艘船只，其中100艘可同时装卸。集装箱码头可停靠4万载重吨的"第三代"集装箱船。码头上能同时存放1万个集装箱，装卸效率为每3分钟装卸1个，还有5千米长的铁路线。油码头最大可靠25万载重吨的大型油船，卸速每小时6000—10000吨。主要出口货物为机器、卡车、化肥、纺织品、拖拉机、金属制品、食品及石油产品等，进口货物主要有煤、谷物、木材、石油、矿石、废钢、纸浆、酒、盐、油脂、牲畜、磷灰石、油籽及化工产品等。

13. 巴塞罗那港

巴塞罗那港是西班牙最大的海港。属河口海港，设有自由贸易区、基本港，为西班牙最大的集装箱港。港口海岸部分由人工填挖而成，从陆岸伸展十座突堤，走向略呈西南东北，外有自北向南伸展的长堤保护，船舶从南入港。港内现有商业码头线总长12.1公里，前沿水深8—14米，水域面积300万平方米。主要进口货物为羊毛、棉花、粮谷、煤、油类、铁木材、化肥、糖、机械、铜、黄麻纤维及化工品等，出口货物主要有纺织品、软木、酒、橄榄油、房瓦、肥皂、纸张、水果、羊毛制品、玻璃制品及杂货等。

14. 瓦伦西亚港

位于西班牙河的入海口，巴伦西亚湾内，濒临地中海的西侧，是首都马德里最近的海上出入门户，也是西班牙东部重要的工业城市。主要工业有造船等，并且是西班牙的造船中心之一。仓储堆场及能力：仓库面积达5.5万平方米，堆场面积达18.7万平方米，植物油库可储油7000吨。装卸机械及能力：装卸设备有各种岸吊、可移式吊、集装箱吊、浮吊及滚装设施等，其中浮吊的最大起重能力为80吨。还有直径为152.4—254毫米的输油管供油船装卸使用。输油管可以直通炼油厂，速率每小时为300立方米。

15. 那不勒斯港

位于意大利亚平宁半岛西南海岸那不勒斯湾的顶端，濒临第勒尼安海的东侧，是意大利的主要海港之一。始建于公元前6世纪，曾是罗马皇帝的避暑胜地。浮吊最大起重能力达150吨，集装箱吊达45吨，集装箱堆场面积为16万平方米，粮仓容量达4.2万吨。装卸效率：煤每小时4000吨，谷物每小时520吨。码头最大可靠9万载重吨的船舶。还有炼油厂，每年炼油能力达300万吨，有管道及油泵与码头连接。大船锚地在港外，水域宽广，可泊70多艘船舶，水深在20米以上。

16. 亚历山大港

亚历山大港是埃及在地中海岸的一个港口，也是埃及最重要的海岸。亚历山大港分东、西港，港外有两道防波堤和狭长的法罗斯岛作屏障。西港为深水良港，全港面积达6平方公里以上。港区主要码头有60个，岸线长10143米，最大水深为10.6米，包括煤炭、粮食、木材及石油等专用码头。装卸设备有各种岸吊、浮吊、抓斗吊、集装箱龙门吊、运输车及拖船等，其中浮吊最大起重能力达200吨，拖船最大功率为880千瓦。港区仓容的容量有3万吨。码头最大可靠4万载重吨的船舶。装卸效率：铁矿石每小时1000吨，煤炭每时900吨。大船锚地在外港区，最大水深达19.8米。

17. 塞得港

埃及东北部城市，全国第二大港口，塞得港也是世界最大转运港之一，其港面，包括外港在内有375平方公里。塞得港地处苏伊士运河与地中海的交汇点上，位于北纬31.25度、东经32.9度，以渔业以及化工、食品加工、烟草等工业为经济基础，是埃及出口棉花、稻米等产品的重要港口，也是船只过往苏伊士运河的加油站。

18. 贝鲁特港

位于黎巴嫩西海岸中部，濒临地中海的东侧，北距叙利亚50海里，是黎巴嫩的最大港口，也是地中海东岸的最大海港。它是黎巴嫩的首都和全国政治、经济、文化及宗教中心，长期以来为西亚中部地区的进出门户，过境贸易和金融业居重要地位。主要工业有纺织、服装、制鞋、食品及印刷等。港口距国际机场约10千米。港区主要码头泊位有12个，岸线长3053米，最大水深13米。

19. 伊兹密尔港

位于土耳其西部沿海伊兹密尔湾东南岸，濒临爱琴海东侧，是土耳其西部的最大海口。本港有新、老两个港区，主要码头泊位为新港区的一个突堤码头，长372米，共有4个泊位，最大水深10.6米。主要出口货物为棉花、烟草、无花果、谷物、蔬菜、地毯及纺织品等进口货物主要有木材、废钢及工业品等。

20. 伊斯坦布尔港

伊斯坦布尔港位于土耳其西部沿海伊斯坦布尔海峡西南岸，濒临马尔马拉海的东北侧，是土耳其的最大海港。主要进口货物为煤、铅、铜、锡、木材、牛油及工业品等，出口货物主要有羊毛、棉花、干木、烟叶、丝、水果、皮张及地毡等。

21. 比雷埃夫斯港

位于希腊东南沿海萨罗尼科斯湾东北岸，濒临爱琴海的西南侧，是希腊的最大港口，曾在第二次世界大战中遭到破坏，后又重建。它是首都雅典的进出口门户，距雅典仅8千米，又是重要的交通枢纽，有电气化铁路和高速公路直通各大城市。主要工业有造船、化学、机械制造、冶金、纺织等,并且是年产石油制品250万吨的炼油中心。港口距雅典机场约14千米,有定期国际航班飞往各地。港口主要出口货物为矿石、化肥、水泥、烟叶、棉花、葡萄干、橄榄油、水果、大理石等;进口货物主要有木材、燃油、煤、石油、纸张、铁、糖、小麦及化工品等。

二、中国当下和未来城市群

城市群比城市范围更大,相邻城市具有地域的邻近性(交通的便利基础)、经济产业上的互补性、人文上的相近性等特点,另外就是有龙头城市,比如上海、广州、深圳、武汉、成都均为全国或区域性的大城市。预计到2030年,中国城镇化水平将要提高到70%,未来将有3亿人进入城市和城镇。

当下10大城市群:

中国已经形成了10大城市群,即长三角城市群、珠三角城市群、京津冀城市群、辽中南城市群、山东半岛城市群、海峡西岸城市群、长江中游城市群、中原城市群、川渝城市群和关中城市群。根据2018年的统计数据,10大城市群的面积占全国国土面积的11%,承载人口是39.24%,GDP占全国的比重将近2/3。10大城市群就是中国经济的10大支柱。其中长三角和珠三角是最为成熟的城市群,长三角目前的一大变化是正在推进产业联盟,上海、江苏和安徽扫码互坐轨道交通;珠三角已经升级为粤港澳大湾区(把香港澳门纳入),城市人口年轻,具有中国第一城市群的基础和潜力。京津冀城市群除了北京和天津人口很多,其他城市的人口并不是很多,经济上也只有唐山强一些,未来有很大的增长潜力。长江中游城市群,只有武汉一市独大,其他城市人口都不到100万。

未来6大城市群:

未来还会形成6大城市群,即湘东城市群、江淮城市群、北部湾城市群、吉林中部城市群、黑龙江西南部城市群、新疆天山北坡城市群。长株潭城市群，实际上这3个城市离得很近，它的发展会带动周边城市的发展，如益阳、衡阳、岳阳、娄底和常德，还有江西的萍乡，形成以长株潭为核心的湘东城市群。以合肥为中心的江淮城市群，包括芜湖、马鞍山、池州、铜陵、安庆、滁州、蚌埠、淮南、六安等10个城市。以长春、吉林为中心的吉中城市群，以哈尔滨为中心的黑龙江西南部城市群、以南宁为中心的北部湾城市群、以乌鲁木齐为中心的天山北坡城市群，均已有城市群的雏形，但是中心城市规模和实力还不够大，和周边城市的联系还不是很强。

三、中国最大的五个互联网城市

1. 北京

中国互联网的发源地，中国第一家网站、第一家电子商务公司均是在此地诞生。北京拥有被誉为中国硅谷的中关村，是中国互联网的创业圣地。代表企业有：百度、京东、新浪、搜狐、小米、360、优酷、美团、乐视、爱奇艺、今日头条。

2. 深圳

诞生了腾讯、迅雷、珍爱网、华为、大疆科技、顺丰速运等知名公司，仅一个腾讯已堪称互联网帝国。深圳互联网普及率位居全国第一，在深圳10多个互联网产业园区，入驻的互联网企业超过1000家。

3. 杭州

这里诞生了阿里巴巴、蘑菇街、战旗直播等。阿里巴巴互联网帝国的市值为13241亿元，已经超过云南省一年的经济生产总值。杭州将全力建设国际化创业生态系统，把杭州打造成具有全球影响力的互联网创新创业中心。

4. 上海

中国最大与经济最发达城市，中国的金融中心。上海诞生了盛大、大众点评、饿了么、洋码头、百姓网、安居客等互联网公司。上海具备互联网人才的集聚优势，将大力推动产业发展从"消费互联网"进入到"产业互联网"时代。

5. 广州

这里诞生了网易、唯品会、梦芭莎等。广州拥有全国最大的国际出口带宽，在互联网硬件方面，广州在全国首屈一指。广州互联网企业超过3000家，拥有一批具备核心竞争力的创新型企业，牢牢占据了国内各细分产业领域的龙头位置。

四、八大工业国（即八国集团，简称G8）包括如下国家：

1. 美利坚合众国

美国工业整体不管轻、重工业均全部高度发达，资讯工业实力更是西方的榜首，产业规模巨大，部门结构完整，生产技术先进。传统工业部门有钢铁、汽车、化工、石油、飞机、机械、造船、电力、采矿、冶金、印刷、纺织、制药、食品、军火等。新兴工业部门有电子电器、光电、激光、精密机械、宇航、核能、新能源、机器人、新型材料、生物制药、软件、尖端武器等。其中电子电器、光电、宇航、核能、生物制药及尖端武器等工业几乎均居世界领先水准。

2. 日本国

日本为亚洲著名的工业大国，日本工业尤其是内燃机引擎、电机、精密零部件十分发达，仅因二战后禁止武力扩张而未能掌握部分高新技术。主要工业部门有钢铁、汽车、造船、电子电器、机械、化工、纺织、高速铁路、核电等。日本还是摩托车、船舶、车床、合成纤维、录影机和照相机的第一大生产国，其中摩托车、录影机和照相机的产量均占世界的 2/3 以上。此外，日本的汽车、钢铁、机械、电子电器产量也非常大。日本还是高速铁路技术较为成熟的少数国家之一。

3. 德意志联邦共和国

德国是欧洲第一大工业国，工业产品以品质精良、技术领先、做工细腻而享誉世界，虽成本较高但利润能力极大。德国的主要工业部门有电子电器工业、航空航天工业、汽车制造、精密机械制造、化工、采煤、钢铁、纺织、装备制造、军工生产等。德国是世界第四大汽车生产国，国内一些大中城市是著名汽车制造商总部所在地。例如：慕尼黑——宝马总部；斯图加特——奔驰、保时捷总部；沃尔夫斯堡——大众总部。

4. 法兰西共和国

法国是世界上最发达的国家之一，拥有欧洲国家最完整的工业体系。2004 年时法国每人每小时创造的产值超过美、英、德、日四国，成为当时主要工业国中生产力最强的国家。法国的核电设备能力和石油工业技术仅次于美国，居世界第二位；航空航天工业雄踞欧盟首位，为世界最主要的航天国之一；钢铁和纺织工业居世界第六位。主要工业部门有汽车、飞机制造、电子、电器工业、化学工业、纺织工业等。法国的航天和军事工业很发达，是世界上少数能发射卫星的国家。

5. 大不列颠及北爱尔兰联合王国

英国是工业革命的故乡，至今在世界上占有重要地位，以创新的生产能力、独特的解决方案等特色享誉世界，境内许多知名大学使其拥有世界第二的人才储备，是欧洲最大的军火、石油产品、电脑、电视和手机制造国。主要工业部门有：采矿、冶金、化工、电子电器、汽车、航空、食品、饮料、烟草、轻纺、造纸、印刷和建筑等。生物制药、航空和国防是英国工业研发的重点，也是最具创新力和竞争力的产业。进入 21 世纪后英国制造业中纺织业最不景气，但电子、光学设备、人造纤维和化工,特别是军火、制药行业仍保持雄厚实力。

6. 意大利共和国

意大利工业十分发达,且生产技术较为先进,工业规模庞大,为西方七大工业国之一。与大多数国家不同,中小企业对意大利经济运行起着极其重要的作用。意中小企业创造的产值超过国内生产总值的2/3,因而享有"中小企业王国"的美誉。意大利的年原油加工能力达1亿吨,有"欧洲炼油厂"之称。钢铁产量居欧洲第二位。塑料、拖拉机、汽车、电力等工业的生产技术及规模均居世界前列。此外,意大利的制革、制鞋、纺织、首饰、酿酒、机械、大理石开采、电子工业、造船、化工、军火等工业也相当发达。

7. 加拿大

加拿大地广人稀,开发资源的工业技术十分发达。主要工业部门有采矿、木材加工、造纸、钢铁、水电、造船、飞机制造、汽车、电子、石化、冶金、纺织、食品、制药、新能源、宇航、军火等。加拿大是矿产、纸张、木材最主要的生产国之一,其家具、尖端药物、军火更是享誉世界。

8. 俄罗斯联邦

俄罗斯是当今发展中国家里工业比较发达的国家,也是G8里唯一的发展中国家,其重工业享誉世界。俄主要工业部门有钢铁、石油、冶金、化工、机械、造船、纺织、木材加工、汽车、食品、核能、宇航等,其中核工业和航空、军火工业居世界第二位。进入21世纪后,俄罗斯的高新技术产业蓬勃发展,在发展中国家名列前茅。

五、中国六大工业区

1. 东北区

东北区是中国强大的工业基地,已形成以钢铁、机械、石油、化工等为核心的完整工业体系。工业区由南向北逐步推进，除原有的沈阳—抚顺—鞍山—本溪重工业区外，还出现了以机械、化工为主的旅大工业区，以煤炭、化工等为主的辽西走廊工业区，以机械、化工、造纸等为主的长春—吉林中部工业区，以电机、石油、机械工业等为主的哈尔滨—大庆—齐齐哈尔工业区，以煤炭—森林工业为主的黑龙江西部工业区等。

2. 华北区

华北区拥有以燃料动力、钢铁为主体的工业体系。原有的沿海京、津、唐工业区得到了加强和合理发展，成为综合性工业区。在丰富的原料产区和内地建立了一系列新的工业区和工业中心，主要有太行山麓以石家庄、邯郸为中心的轻纺、燃料动力工业区，以太原、榆次为中心的晋中重工业区，以包头、呼和浩特为中心的钢铁、畜产品加工工业区等，从而使整个工业区由沿海向内地扩展。

3. 华东区

中国基础雄厚的重要工业基地之一，机电、轻纺、化工在全国更有重要地位。以上海为中心的长江三角洲工业区，是中国原有基础最好、规模最大的综合性加工工业区，机械、化工、轻纺工业居全国之冠。中华人民共和国成立后，加强和建设了以淮南、合肥、马鞍山为中心的燃料动力、钢铁、机械工业区，以青岛为中心的轻纺、机械工业区，以济南、淄博为中心的冶金、石油、化工、轻纺、机械工业区，以徐州、淮北、枣庄为中心的燃料动力工业区。工业区位同样由沿海向内地不断扩展。赣、闽、浙三省的工业生产也有了很大发展。

4. 中南区

中南区以京广铁路线为主干，是中华人民共和国成立后重点建设的地区之一，钢铁、有色金属、电力、纺织、制糖工业在全国具有重要的地位。在中部和北部，工业区以武大（武汉—大冶钢铁、机械工业区）为基点，沿京广线向南、北和西部推进。南部以长沙、株洲、湘潭为中心的湘中冶金、机械、化工工业区，北部以郑州、洛阳、三门峡、平顶山、焦作、安阳、开封等为中心的综合性工业区，西部以水电、汽车、有色冶金为主的鄂西、湘西工业区。在南部，以广州为中心的珠江三角洲综合性工业区为基地，向粤北（韶关为中心）、桂中（柳州、南宁为中心）不断发展。以高技术产业为龙头，以新能源、新材料、电子信息、机电一体化、高技术轻纺、生物工程等六大高技术产业为主的产业群建设已初具规模，并形成了家用电器、精细化工、纺织化纤、玻璃建材、冶金机械、电子、包装、印刷、医药、食品饮料等一批支柱行业，是广东省轻工产品生产的重要基地。

5. 西南区

西南区是中国新兴工业区之一，战略后方的重要工业基地，冶金、机械、化工、燃料动力已具相当规模。本区工业在全国支持下，以重庆工业区为基点，逐步向西部和南部发展，建立了以成都为中心的机械工业为主、轻重工业结合的工业区，以自贡、内江、泸州等为中心的川中天然气化工、盐业化工、制糖工业区，以渡口为中心的钢铁工业区，以贵阳为中心的机械、化工、有色金属工业区，以及其他许多新的工业城市。

6. 西北区

以兰州、西安为基点，重点发展了石油化工、机械制造、棉毛纺织等部门，两地成为西北最大的两个工业区。在作为省（区）中心的乌鲁木齐、西宁、银川等地，工业也有了很大发展，在石油、煤炭资源丰富的地区，发展了工矿业生产，形成了许多工业中心。在黄河流域的刘家峡、青钢峡、盐锅峡、八盘峡等修建了水电站，为本区工业发展提供了十分有利的条件。

参考文献

一、学术著作

（1）中国城市经济学会中小城市经济发展委员会：《中国中小城市发展报告（2016）：中国中小城市绿色发展之路》，社会科学文献出版社 2016 年版。

（2）沈关宝：《一场静悄悄的革命》，上海大学出版社 2007 年版。

（3）国家统计局：《中国统计年鉴、国际统计年鉴》（1983—2017），中国统计出版社 1983—2017 年版。

（4）国务院研究室课题组：《中国农民工调研报告》，中国言实出版社 2006 年版。

（5）左玉辉：《环境学》，高等教育出版社 2006 年版。

（6）吴彩斌、雷恒毅、宁平：《环境学概论》，中国环境科学出版社 2005 年版。

（7）赵景联：《环境科学导论》，机械工业出版社 2005 年版。

（8）李爱贞：《生态环境保护概论（第二版）》，气象出版社 2005 年版。

（9）魏振枢：《环境保护概论》，化学工业出版社 2004 年版。

（10）朱蓓丽：《环境工程概论（第二版）》，科学出版社 2006

年版。

（11）刘黎明：《土地资源学》，中国农业大学出版社 2004 年版。

（12）王德成：《生产力经济学》，中国农业大学出版社 2005 年版。

（13）薛平编著：《资源论》，地质出版社 2004 年版。

（14）刘卫东等：《城市土地资产经营与管理》，科学出版社 2014 年版。

（15）邓南圣：《工业生态学——理论与应用》，化学工业出版社 2002 年版。

（16）蓝盛芳等：《生态经济系统能值分析》，化学工业出版社 2002 年版。

（17）周纪纶：《城市的迷惑与醒悟——城市生态学》，中国科学技术大学出版社 2002 年版。

（18）王迎春、郑大玮等：《城市气象灾害》，气象出版社 2009 年版。

（19）段华明：《城市灾害社会学》，人民出版社 2010 年版。

（20）金磊：《中国城市减灾与可持续发展战略》，广西科学技术出版社 2006 年版。

（21）[美] 贝利著，顾朝林等译：《比较城市化——20 世纪的不同道路》，商务印书馆 2008 年版。

（22）[美] 特兰西克著，朱子瑜等译：《寻找失落空间——城市设计的理论》，中国建筑工业出版社 2008 年版。

（23）赵卓文：《城市策划实战案例》，广东科技出版社 2009 年版。

（24）[加] 简·雅各布斯，金衡山译：《美国大城市的死与生》，译林出版社 2005 年版。

（25）王军：《城记》，生活·读书·新知三联书店 2003 年版。

（26）马克·吉罗德，郑努于、周琦译：《城市与人——一部社会与建筑的历史》，建筑书店 2008 年版。

（27）［美］奥利弗·吉勒姆，叶齐茂译：《无边的城市——论战城市蔓延》，中国建筑工业出版社2007年版。

（28）顾朝林等主编：《都市圈规划——理论·方法·实例》，中国建筑工业出版社2007年版。

（29）［西］米格尔·鲁亚诺，吕晓惠译：《生态城市——60个优秀案例研究》，中国电力出版社2007年版。

（30）陈锦富：《城市规划概论》，中国建筑工业出版社2006年版。

（31）［美］刘易斯·芒福德，宋俊岭、倪文彦译：《城市发展史》，中国建筑工业出版社2005年版。

（32）傅崇兰、白晨曦、曹文明等：《中国城市发展史》，社会科学文献出版社2009年版。

（33）张庭伟、田莉：《城市读本》，中国建筑工业出版社2003年版。

（34）徐循初：《城市道路与交通规划》，中国建筑工业出版社2017年版。

（35）朱长征、方静：《城市物流》，清华大学出版社2018年版。

（36）张钦楠：《阅读城市》，三联书店2004年版。

（37）全国城市规划执业制度管理委员会：《城市规划实务》，中国计划出版社2011年版。

（38）张琴、李家祥：《科普图书：智慧城市》，天津古籍出版社2012年版。

（39）林庆怡：《城市形态》，华夏出版社2003年版。

（40）［德］迪特·哈森普鲁格，童明、赵冠宁、朱静译：《中国城市密码》，清华大学出版社2018年版。

（41）朱铁臻：《城市发展学》，河北教育出版社2010年版。

（42）张冠增：《城市发展概论》，中国铁道出版社1998年版。

（43）赵和生：《城市规划与城市发展》，东南大学出版社2011

年版。

（44）张纯：《城市社区形态与再生》，东南大学出版社2014年版。

（45）孙久文、张佰瑞等：《城市可持续发展》，中国人民大学出版社2006年版。

（46）潘家华：《中国城市发展报告》，社会科学文献出版社2010年版。

（47）吴军：《文化动力——一种城市发展新思维》，人民出版社2016年版。

二、文章

（1）蔡金水："中国该停止大规模征地"，《环球时报》2011年11月2日。

（2）国家统计局课题组："城市农民工生活质量状况调查报告"，《调研世界》2007年第1期。

（3）国务院发展研究中心："城镇化发展过程中耕地保护问题研究"，《湖北省人民政府网》，2010年8月11日。

（4）韩俊："失地农民的就业和社会保障"，《科学咨询》2005年第7期。

三、学术期刊

《中国环境管理》《世界环境》《环境导报》《中国物资再生》《遥感信息》《自然资源学报》《灾害学》《城市环境与城市生态》《中国安全科学学报》《林业劳动安全》《干旱区资源与环境》《产业与环境》《环境监测管理与技术》《资源生态环境网络研究动态》《污染防治技术》《中国人口资源与环境》《自然灾害学报》《减灾与发展》《中国地

质灾害与防治学报》《环保科技情报》《资源节约和综合利用》《地质灾害与环境保护》《人类环境杂志》《应用与环境生物学报》《中国环保产业》《世界安全卫生信息》《生态环境与保护》《环境科学》《工业安全与防尘》《环境》《国外环境科学技术》《环境污染与防治》《环境保护科学》《环境与开发》《环境科学学报》《中国环境科学》《环境科学研究》

后　记

本书从酝酿到写作完成历经近一年的时间，在不断的思考中几易其稿，但对问题的认识也因而逐渐清晰，略述如下：

改革开放后，我国大大提高了生产力，改变了产业结构和劳动组织结构，促进了城市的发展。与此同时，经济发展也改变了人们的生活方式，改善了城市环境。但我国大多数城市随着人口的激增，住房、教育、医疗等城市问题开始普遍存在，并直接影响到城市居民的生活质量。正因为城市发展方式直接影响到城市的发展方向和发展质量，所以在推动城市发展的同时，应积极探索一条符合经济规律、社会规律和城市发展规律的城市发展道路。

城市的发展不仅表现在人口、资源、产业等要素的聚集上，更体现为生产方式、生活方式的转换，所以城市发展要综合考虑城市定位、经济发展水平、人口规模，找到合适的发展路径。虽然各地城市规模、建设水平、发展阶段、资源条件等不尽相同，但整体来看，民生、政务、产业发展三者相结合是必由之路。

要想促进城市治理能力现代化，就要创新城市发展理念，应遵循城市发展规律，坚持以人为本，以全面、协调、可持续的发展观指导城市发展。城市的发展除了物质上的建设外，更要注重"人"的发展。城市需提供更多的精神产品，促使居民拥有健康的生活方式、价值理念、生活取向，这样才能全面推动城市高质量发展。

2018年3月，国务院先后批复了北京、上海各自到2035年的城市总体规划方案。新一轮的城市总体规划，表明中国城镇化进程到了一个重大节点，已经进入城市转型升级、追求高质量发展的新时代。这也需要大家共同努力，完成推进农业转移人口市民化、提高城镇建设效率、建立多元可持续的资金保障机制、优化城镇化布局和形态、提高城镇建设水平、加强对城镇化的管理等任务。

本书的顺利完成离不开各位同仁和朋友的帮助，再次深表谢意。由于水平有限，本书一定存在很多不足，敬请各位同仁与读者批评指正。

作者
2019年1月于北京

α